Emotional Intelligence for Sales Success:
# CONNECT WITH CUSTOMERS AND GET RESULTS

科林·斯坦利 (Colleen Stanley)◎著　佘卓桓◎译

# 销售就是要玩转情商

| 99%的人都不知道的销售软技巧 |

武汉出版社

（鄂）新登号08号

**图书在版编目（CIP）数据**

销售就是要玩转情商：99%的人都不知道的销售
软技巧／（美）斯坦利（Stanley,C.）著；佘卓桓译.
— 武汉：武汉出版社，2015.9（2018.10重印）
ISBN 978-7-5430-9351-5

Ⅰ.①销… Ⅱ.①斯… ②佘… Ⅲ.①销售—方法
Ⅳ.①F713.3

中国版本图书馆CIP数据核字（2015）第159994号

著作权合同登记号：图字：17-2015-227

Emotional Intelligence for Sales Success: Connect with Customers and Get Results
Copyright © 2013 Colleen Stanley. Published by AMACOM, a division of the
American Management Association, International, New York.

All rights reserved.

**上架建议：市场·营销**

著　　者：科林·斯坦利（Colleen Stanley）
译　　者：佘卓桓
责任编辑：雷方家
出　　版：武汉出版社
社　　址：武汉市江汉区新华路490号　邮　编：430015
电　　话：（027）85606403　85600625
　　　　　http：//www. whchs.com　E—mail：zbs@whchs.com
印　　刷：北京时捷印刷有限公司
发　　行：北京天雪文化有限公司　电　话：（010）56015060
经　　销：新华书店
开　　本：700×1000mm　1/16
印　　张：17.5　字　数：252千字
版　　次：2015年9月第1版　2018年10月第3次印刷
定　　价：36.80元

版权所有·翻印必究
如有质量问题，由承印厂负责调换

这本书谨献给我们优秀的客户。谢谢你们让工作变成了一件有趣的事情。感谢我的丈夫吉姆，你无条件的支持总是让我充满动力！

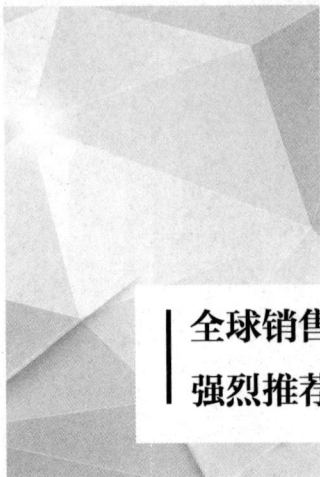

## 全球销售精英热烈讨论，强烈推荐

"《销售就是要玩转情商：99%的人都不知道的销售软技巧》是今天这个时代每一位销售员都应该阅读的一本书。这本书会让每一位想在销售行业中有所成就的人有深切的共鸣。科林在本书里展现出了她高超的情商销售技能，让读者能够感受到情商具有无与伦比的价值，这种价值不仅有助于我们在当下取得良好的结果，也能够在未来数年里继续保持这样的优势。"

——斯宾塞·沃伦，美国食物公司的销售副总监

"在你打下一个销售电话之前，记得阅读科林的这本书！《销售就是要玩转情商：99%的人都不知道的销售软技巧》一书深入浅出，具有很强的实用性。从事销售行业的人都能够从科林的研究、经验以及得到证实的策略中得到启发。"

——珍·阿普尔盖特，《小企业的210个妙招》一书的作者，SmallBizWorldTV.com网站策划人

"《销售就是要玩转情商：99%的人都不知道的销售软技巧》一书与市面上其他的销售类书籍形成了鲜明的对比。情商在销售过程中所具有的重要性为很多销售员所忽视，他们也没有接受过这方面的训练。科林·斯坦利在本书里为读者们提供了鲜活的例子，一步一步地给从事销售行业的人提供实实在在的指引，这将有助于销售员更好地运用情商这一概念。这对所有销售人员与销售领导来说都是一本必读书！"

——大卫·萨斯，北美集团副总裁兼总经理

"《销售就是要玩转情商：99%的人都不知道的销售软技巧》一书必将能够帮助从事销售行业的人将情商的原则融入到销售技能的'武器库'里。对于每一个想要取得更大成就的个人或是组织，我都强烈推荐这本书。"

——柯尔克·史莱克，ServiceMagic 公司首席运营官

"《销售就是要玩转情商：99%的人都不知道的销售软技巧》一书透彻地阐述了'销售软技巧'对销售人员的销售生涯所产生的影响。科林在书中提出了很多富于价值的建议与策略，这些都是极为重要的。她是我们公司合作过的最优秀的销售培训师之一。这本书也将她鲜活的销售培训精华都呈现了出来，是一本绝对不容错过的好书！"

——泰德·雷德，供应与食物服务联盟主席

"科林在书中通过展现每一位销售员在日常销售过程中所面临的挑战，有效地说明认知与行动之间的差距。她将专业的销售知识与神经科学以及情商融合起来，让每一位销售员都可以从更为宏大的视野去实现销售增长的目标。"

——西蒙·罗勒，认知与发展机构的负责人

"帕罗·阿尔托研究中心已经证明了一点，那就是我们是创新与研发尖端科技方面的专家。但是在面对如何将这些科技成果转化为经济效益的时候，我们意识到销售人员的技能需要提升，从而让顾客从观望的态度转变为购买的实际行为。正如科林在这本书里所提到的，运用情商销售法则，将有助于我们消除这样的隔阂。"

——塔玛拉·圣·克莱尔，帕罗·阿尔托研究中心的首席商务官

"科林帮助她的顾客解决挑战的方法是高效、富于创造性的。更为重要的是，她能够帮助我们专注于解决根本的问题，而不是治标不治本。不论是在帮助公司机构还是个人解决销售问题时，科林所表现出来的情商都是让人印象极为深刻的。"

——麦克·萨兰，美国PCL建筑公司职业发展部的主管

**209** **第九章：情商销售文化的几个关键特征**

作为销售员的你，已经"武装"了自己，而作为销售团队中的你，要怎么做，才能够推动整体的进步？情商销售文化的建立，不仅需要个人的努力，更加需要团队意识，树立良好的团队形象，才能够收获更多！

**233** **第十章：勇于成为团队领袖：
销售领袖能力与情商的关系**

怎样成为一个优秀的销售领袖，这和情商有什么关系？给你一个销售团队，你该怎么管？良好的形象、雷厉风行的态度、符合员工特性的管理模式等都是你需要考虑的内容，从情商管理出发，成为一个优秀的团队领袖吧！

## 推荐序
## 可以媲美《世界上最伟大的推销员》之销售必读书

棉花糖实验到底与销售成功有什么关系呢？当科林·斯坦利在一场销售会议上，谈论了关于小孩子是否愿意等待几分钟再吃棉花糖，那么他们就能多拿一个棉花糖的故事时，我还对此感到迷惑不解。

这个实验最后证明，这种延迟即时满足的能力对孩子日后在学校里的表现会产生重要的影响。正如科林所解释的那样，一些并不急于完成销售的销售员通常会比那些心急的销售员取得更大的成功。

我心想，哇！这位女士说得很有道理啊！接着，科林继续谈论着情商对人生各方面所起到的作用。那时候，我就知道她找到了"那缺失的链条"。

情商低的销售员经常会进行一些自我破坏的行为，即便当他们接受了最优秀的销售训练之后，也依然会出现这样的情况。与此同时，与他们同龄且具有很强交际能力与高情商的同事，做出来的成绩则会远远超过他们。

事实证明，这些所谓的"软技巧"在过去很长一段时间都为商界人士所鄙视，他们都认为这些不过是寒暄时所使用的一些套话。但是，这些"软技巧"绝对不是无足轻重的，相反，它们在销售过程中产生了举足轻重的作用。

最近，我与一群有才华的年轻销售人员进行交流，这些年轻销售员都是非常实干且有能力的。在他们到一间发展良好的公司应聘之前，就已经成功地完成了许多销售计划。这间公司的首席执行官也让我谈论一下自己早期的销售生涯——这是我很久以来都没有认真思考过的一个问题。

我回想起自己在施乐公司所从事的第一份销售工作，那时，我为不断进入心灵的那种情感所吓倒了，这种情感就是恐惧！一开始，我担心自己无法适应销售的工作。接着，我开始担心自己无法达成销售任务。在我成功地完成了销售计划后，我又开始担心自己无法在日后每个月都能复制这样的成功。当我被提拔为销售主管时，我又开始担心自己无法将掌握到的经验与知识全部运用到团队管理上去。

当我将当时所感受到的焦虑告诉年轻的销售代表时，他们都轻轻地点头表示赞同，他们都知道我的意思，也都曾经感受过这样的恐惧。

我觉得自己有足够的能力去克服这种恐惧感，是我能够在销售行业里取得成功的关键因素。幸运的是，我凭借自己的摸索掌握了这样的技能。否则，我觉得自己肯定会像很多"尝试"过销售，但最终认为销售并不是适合自己的人那样，离开这个行业。

但这其实也是情商的一个方面。还有另外一个方面就是：在我销售事业的开始阶段，我在和那些与我没有什么共同点的人打交道时，总是无法处理得很好。我觉得一些人很难去接触，因为他们始终无法理解你的意思。而一些人则是做事慢得要死，是属于那种"便秘型"的决策者。当然，那些喋喋不休的"混蛋"与说话没完没了的人也是经常会让我崩溃的。总之，在销售过程中，什么样的人你都是会遇到的。

我不得不要学习如何面对不同类型的人，这个过程是相当艰难的。曾经有段时间，我做得很差。幸运的是，我最终还是掌握了这种能力。这才是最好的一部分，它证明了情商是可以通过学习来掌握的。在《销售就是要玩转情商：99%的人都不知道的销售软技巧》一书里，科林将会向你们展现如何发现自己在情商层面所遇到的挑战。我觉得每个人在情商层面上都是有提升空间的（虽然我经常说自己已经掌握了所有的情商技能，但事实上，我还是要在某些方面有所提升）。还有，你们将在这本书里找到许多实用的方法与策略，这将有助于你们运用正确的方法去提升自己的情商。

最后，我要说的是，无论是对个人还是团队来说，提升情商都是能够带来良好的经济回报的：销售额会上去，资金周转期会缩短，顾客会愿意购买更多的产品，向你推荐更多的客户。但你们不要只是看我这样说，更要认真去阅读这本书！

吉尔·克纳斯，《速售与向大公司销售》一书的作者

# 自 序
## 我以我的销售经验与你分享

关于指导销售员如何提升销售能力的书有很多，对我来说，写这本书只有一个理由，就是希望能够对从事销售行业的人有所帮助！我坚信一点，那就是如果本书所提出的概念与方法能够得到践行，那么销售人员的职业生涯必将能够改变。

我看到过太多的销售员勤勤勉勉地工作，最后都没有取得什么大的成绩，他们始终无法得到自己想要获得的那种收入以及满足感。为什么会出现这样一种情况呢？那是因为他们对自己面临的销售挑战做出了错误的诊断，最后也给出了一个错误的解决方法。他们只是单纯专注于提升自己的"硬"销售技巧。而事实上，阻挡着他们前进的并不是销售能力的不足，而是其他方面的因素。

通过销售的训练过程，以及对数以百位的销售员的角色扮演场景进行观察之后，我发现这些销售人员都能够以近乎完美的方式将"硬"销售技巧全部呈现出来。他们会以恰当的方式安排议事日程，提出有效的问题，清楚地知道下一步该怎么走才能够最终达成销售的目标。但有些时候，当这些销售员在面对着有如"匈奴王阿提拉"[1]那样的顾客时，他们所掌握的知识以及销售技能却始终没有用武之地。此时，这些销售员就会陷入到一种"产品推销"的状态，迅速地向顾客提出解

---

[1]阿提拉（Attila，406—453），他曾率领军队两次入侵巴尔干半岛，包围君士坦丁堡；亦曾远征至高卢（今法国的奥尔良地区），最后终于在沙隆之战中被迫停止向西进军。然而后来他却攻向意大利，并于公元452年把当时西罗马帝国首都拉文纳攻陷，赶走了皇帝瓦伦丁尼安三世，使西罗马帝国名存实亡。

决之道。虽然他事先就知道，这样做有可能将谈话转成一场关于价格折扣的谈话，而不是围绕着价值的咨询式销售谈话。或者，此时的销售员做出了与此相反的举动：他无法按照平常的训练去做，想不出自己该说些什么，希望这场会面能够尽快结束。

到底是什么造成了"知道该怎么去做"与"真正地去做"之间的鸿沟呢？你们可以在本书里找到这个问题的答案。

佛教有一句谚语是这样说的："弟子准备好了，师傅自然出现。"我还是比较幸运的，当我刚刚踏入销售行业时，全智能（Complete Intelligence）、马蒂·拉森以及斯科特·哈尔福德等团队就充当了我的良师，帮助我找到这个让人烦恼的问题的答案。拉森与哈尔福德都是情商研究方面的专家，与很多企业的执行官和经理都有着紧密的业务联系。他们的工作就是向这些人展示如何将情商的技能运用到他们的个人与职业角色中去。

一般来说，在对销售人员进行培训时，很少会提到情商技能。大多数的销售培训都是专注于硬性的销售技能，比方说找寻全新的销售机会，如何与客户进行谈判以及制定一锤定音的策略等。而关于同理心、亲和力与自信等软性销售技能则很少被提及。关于训练销售员如何控制自己的情绪以及他人的情绪，以便取得他们想要结果的课程，更是寥寥无几。

一些销售员擅长向潜在顾客提出问题，但如果他们缺乏同理心的情商技能，那么他们是无法传递出最为重要的信息的，比方说："我对你的痛苦感同身受，我也真的在乎你的感受。"虽然这些销售员使用了这样的话语，但顾客感受不到来自销售人员真挚的情感，他们觉得自己只是在遭受销售员的盘问，而不是与一位值得形成合作伙伴关系的人进行会面。

还有一些销售员擅长与顾客建立亲和感，却不知道该怎样与顾客建立销售渠道。他们没有始终如一地对待顾客，因为他们没有培养延迟满足的情商技能。他们没有花时间去进行策略层面上的安排与制定追求顾客的方案，而是希望能够得到即时的满足，将精力专注于容易产生结果的地方，而不是专注于更加高效的地方上。主动性的销售方式应该推掉"当我有时间了，我就会进行销售工作"这样的借口。要是这些销售员的日程表上没有多少与顾客进行会面的安排，那么他们与顾客建立亲和感的能力就会被浪费掉。

也有一些销售员在开发顾客方面做得非常好，但当他们在一次会议上面对着一位深思熟虑的高层买家时，就会表现出缺乏自信的情商技能，以致无法以最大的利润去达成这次销售。压力之下，他们很容易退回到之前惯用的谈判策略上。此时，情感就控制了销售会议，而他们的销售技能、逻辑思维以及智慧都被抛在一边了。

所有这些情况都说明了一点，那就是掌握多方面的情商技能是可以对销售结果产生重大影响的。与拉森、哈尔福德的多次交流讨论以及我多年的销售和销售管理方面的经验，让我深信一点，那就是缺乏情商技能的训练是很多专业销售人员无法跨越认知与行动这道鸿沟的关键原因。绝大多数的专业销售人员都知道自己该怎么做，那他们为什么就不会这样做呢？

与你们很多人一样，我也成功地完成了许多销售任务。然而，我意识到自己在掌握情商技能这一方面还是存在着不足。有时，我高度的独立自主会让我不想寻求他人的帮助，不愿意聆听别人的看法与见解。因此，我错过了他人的智慧，错过了有可能存在的捷径或是本可以避免的错误。有时，缺乏对情绪的控制也会让我迅速地做出决定，对一些我原本没有想好或是要否定的事情说了肯定的话。很多年来，如何从"冲动的决策洞"逃出来的想法给我带来了诸多压力与烦恼。当时，我还不了解自我意识的情商技能所具有的力量，所以我从不会利用空闲时间去认真准确地评估，为什么相同的销售问题以及领导问题总是会在我的销售事业里出现。

也许，你们也面临过相似的问题。在阅读本书以及将本书的原则付诸实践之后，你们将会发现，这些软技巧能够给你带来实实在在的销售结果。

我是在一家位于加州卡尔斯巴德的舞蹈健身公司工作时，第一次接触销售行业的。当时，我拥有该公司的三个特许经营权，很快就知道了该怎样向学生们进行营销，以便让他们自掏腰包到运动场馆里进行锻炼。我做了自己所能想到的一切，从雇邻居的小孩派发传单，到设立一个演讲会（因为这个演讲会只有一位演讲者——那就是我），向每一位愿意聆听的学生讲述健身与营养之间的重要性，希望能够将听众转化成付费的客户。

我的努力得到了回报。销售方面的成功让我有机会参加一场有关爵士健美操的全国培训团队会议。我到全国发表巡回演说，指导新手们创办与提升他们的企业。这是我首次接触培训工作，此时我觉得自己真的喜欢培训工作，并有这方面的天赋。

在此基础上，我非常荣幸地加入到华斯迪·斯普利特公司，这是位于田纳西州孟菲斯市的一家小企业。这里的制造商都穿着拉拉队的制服，正在举办着上百场拉拉队跳舞比赛并四处建造舞蹈营地。因为当时华斯迪公司正准备设立一个直接的销售团队，所以时间是相当紧凑的。这间公司给了很多员工非常好的成长机会，幸运的是，我就是其中的受益者之一。

我作为销售代表，开始真正进入销售行业，并一步步成为了该公司负责销售的副总裁，管理着超过130人的全国销售团队。我在华斯迪公司工作的十年里，公司的资产从800 0000美金增长到9000 0000美金，上了市，被《福布斯》杂志列入全美200家增速最快的公司名单里。华斯迪现在依然保持着高增速的发展态势，取得了巨大的成功，俨然成为了该行业规模最大的企业。

在此之后，我开始成为全职的销售培训与销售管理专业人士，并在过去14年里一直从事这方面的工作。我们受聘的主要目标就是帮助企业完成三方面的增长：销售、利润与员工的幸福感。虽然我的企业与许多客户以及行业进行过合作，但我们的顾客都有三个共同的价值观：

1. 他们认识到教育与外界建议的重要性。

2. 他们认识到向最重要的资产——他们的员工——进行投资的重要性。

3. 他们将供应商视为合作伙伴。

我非常幸运能够与这些优秀的客户进行合作。

## ·你们将在本书学习到什么·

情商这个话题可能在某些人看来是难懂的，但没有什么是比情商更加重要的了。你们将会发现，这本书里有很多实用性的信息都是你们可以即学即用的。不要让"软技巧"一词中的"软"把你弄得晕头转向。当你将本书所提到的知识运用到现实的工作中去时，那么你绝对不会取得"软"的结果，而是实实在在的"硬"实惠。

这本书将会一步步地向你们阐述有关情商在销售行业的运用。书里提到的技能、定义以及背景知识都是按照世界顶端的评估机构旗下的多层次健康体系所开发的情商商数（EQ-i2.0）去作为评估工具的。这一评估工具能够对相互联系的情感与社交能力、技能进行全面的衡量，从而决定我们该怎样以高效的方式去表达自己，理解他人以及与他人相处，并知道如何面对日常的需求。我们在帮助客户时也是使用这一评估工具，帮他们建立起竞争的准线，发现提升的空间。我们知道需要审视与研究的地方都是可以得到提升的。

在第一章里，我们将会了解到情商以及情商在弥合认知与行动这一鸿沟中的作用。根据美国培训与发展协会的最新研究，美国企业一年花费在销售培训方面的金钱就高达200亿美金（你没看错，是200亿美金）。当企业进行了这么大的投入之后，我们肯定会期望销售员与销售组织能够圆满完成他们的销售目标。但是，销售情况依然成为困扰着很多企业的一大问题，因为这些企业没有解决一个核心的问题，当然这个问题也可以归结为对情绪管理的不了解。

第二章主要是谈论如何通过运用销售的神经科学，去更好地认识到生物学、心理学以及销售技能是可以独特的组合起来，从而帮助你实现一次成功的销售的。掌握了这一技能的销售人员，必然能够在竞争日趋激烈的销售环境下脱颖而出。

在接下来的章节里，我们将会对销售过程的每个阶段都进行认真的讨论，指出软技巧在提升销售结果上所取得的成果。比方说，诸如自我肯定的这种软技能让你在与客户达成合作关系，而不是"买卖"关系上设定恰当的期望值。这样的认知会让你避免遭遇一系列沮丧的销售情景，比方说客户没有回复你的电话或是邮件，等等。这些软技巧能帮助你更好地把握销售机会，同时还能缩短销售周期。

同时，你们还将学会如何进行情绪控制与现实测试，这将会帮助你更好地聆听客户的心声。多年来，很多客户都在抱怨不少销售员总是喜欢说太多。现在，我将会向你们展示一套全新的学习方法与工具，帮助你们不用说太多话，却能够达成更多的销售额。

你们将会发现，自尊与自我意识的情商技能将会影响到你所接触的组织决策者。你是否还需要上一堂"高管是怎么想的"课？我认为不需要。你们已经知道该怎么做了，而这些软技能就将帮助你们更好地加以执行。

本书的最后一章会讨论情商销售方面的领袖与文化等内容。这些情商型的销售领袖在市场上具有很大的优势，因为他们能够吸引与留住优质的客户。这一方法其实很简单：优秀的人总是喜欢与其他优秀的人在一起。情商型的销售人员会更加注重与客户的关系，友善地与他人相处，这些销售人员都是终生型学习者，每天都能以积极的态度面对生活。

纵观整本书，每一章节都会以"有效步骤"作为结语，这些内容将会为你们提供具体的行动方法，以求更好地执行你在本章所学习到的软技巧。你完全可以在日常的销售生活中运用这些技巧。

## · 怎样才能从本书中学习到需要更多 ·

此时，你们可能还在想，我是否需要重视传统的销售培训方法呢。问题的回答是绝对肯定的！我所在的公司每天都要教授基本的销售技能。但是，我发现销售人员之所以表现得不尽如人意，是因为他们在硬技巧与软技巧方面都存在着不足，这就是事实。这其实与减肥是很相似的。如果你想要以最快的速度减肥，那么节食与锻炼就是最快的途径。我希望从事销售的人员与组织都能够以全面整体的眼光去看待销售问题以及解决之道。

当你们在阅读这本书时，记得抽出一些时间去审视自己在当前以及过去几年里的得与失。试着从不同的角度去看待这些事情，到底在过去的销售经历里，是哪些硬技巧与软技巧帮助你赢得了销售，或是让你失去了客户。

当你们在学习的时候，记得要安排好一些休息时间，以便更好地改变与提升。强硬的销售员通常都会犯这样一个错误，就是他们不舍得花时间去进行自我反思，而总是选择一往直前。结果，他们总是在销售过程中犯着同样的错误。按照斯蒂夫·普兰提斯《冷静：放慢脚步，走得更远》一书作者的说法："你需要放慢脚步，才能够更好地加速前进。"记得花时间回头看看，认真评估自己所存在的缺点。

"放慢脚步"意味着在你阅读本书的时候，要抽出一些时间将某些内容记下来。在日常生活中不断复习这些内容，从而让这些全新的思想与概念变成你日常的习惯与思想。亚里士多德曾睿智地说："我们都是不断重复的行为的结果。因此，卓越并不是一种行为，而是一种习惯。"

最后，我希望你们愿意践行这些全新的技能。当你们了解了所有"伟大人物"——无论他们是音乐家、演说家或是运动员——你都可以发现这些人有一个共同点：长时间的持续训练。对每个人来说，好消息是这一切都在你的控制范围之内，无论是在繁荣还是萧条的经济环境下，你都可以进行这样的训练，你不需要得到经理的批准或是赞同，这样做只是需要你愿意付出时间。

在阅读本书之后，你们将会进入到另一个层面的销售生涯，因为你们已经掌握了情商销售的技能。我之前说过这句话，我再说一遍：软技能能够给你带来实实在在的销售结果。你们是否愿意成为游戏规则的改变者呢？

# 第一章：
# 价值百万美金的情商销售策略

在网络信息时代，传统的销售模式已经不能够应对越来越"刁钻"的客户，而已经具备良好销售技能的你又为何不能够轻松签下订单，得到回报呢？你的客户为何总是举棋不定？这一切都和情商有关，了解销售中的情商运用，开启你的销售新纪元！

在过去几年里，销售已经发生了重要的改变。互联网的普及让产品知识（product knowledge）成为一种商品，过去老套的"特色优势受益"[1]销售模式已经无法满足今天那些接受过良好教育、视野开阔的顾客的需求了。

现在的顾客会认真研究他们的买家与卖家，收集所需的信息，在与你进行销售会面之前，会对面临的问题进行自我诊断。这些顾客并不需要关于产品特色与功能等方面的介绍，因为这样的信息在网络上就可以找到，他们会向销售员提出更多更有深度且尖锐的问题。

在某些情形下，销售的机会往往会变成客户与销售人员之间关于产品知识的一场比拼，每一方都专注于向对方展现自己的智慧，而不是寻求合作去解决问题。如果你只是带一些美观的小册子，提出一些开放式的问题或是演示精心准备的PPT，那么这样的销售模式很快就从原先的价值销售降格为价格谈判，或是变成了一场单纯的自由咨询活动。

创新曾经是企业在竞争中占得先机的关键因素，但随着科技的发展，竞争者能迅速地找到最好的竞争模式，并且将这些竞争资源整合起来，从而削弱创

---

[1]特色优势受益即FAB法则，即属性、作用、益处的法则，FAB对应的是三个英文单词：Feature、Advantage和Benefit，按照这样的顺序来介绍，就是说服性演讲的结构，它达到的效果就是让客户相信你的是最好的。

新本身所带来的优势。差异化的销售方式逐渐消失，绝大多数销售人员的销售方式几乎都是雷同的。为了赢得生意，他们很多时候都会采取优惠打折的销售方式，通过降低利润去形成一种买卖关系，而不是与买家达成一种真正的合作关系。

面对全新的买家环境，销售人员该怎么去做呢？他们该怎样去实现销售呢？

顶尖的销售人员都能察觉到商业的环境是瞬息万变的，都懂得如何运用情商的技能去提升自己的销售能力。将情商运用到销售训练的领域，这相对还是比较新颖的。所以，当销售人员听到情商这个词语的时候，通常都会提出这样的问题：

1.什么是情商？（这值得我去了解或是关注吗？）

2.情商是怎样影响到销售结果的？（记住，我需要为自身的表现获得报酬。）

# 1. 你了解销售中的情商运用吗

简单地说，情商（EQ）就是我们认知自身情感的能力，以正确的方式去判断所感受到的情感，并且知道这种情感出现的原因。情商能帮助我们认识到触发情感的原因是什么，知道这种情感对自身以及他人所产生的影响，然后为了获得最好的结果，对自身的情感反馈进行调整。

具有情商的销售人员在自我管控与人事管控这两方面都具有超强的能力。当一位消息灵通的买家通过提出各种尖锐的问题与指出产品知识相关的内容，去表现自己见多识广时，具有情商的销售员并不会对买家这种质问式的提问方式做出任何过激的反应，不会让自己成为一台价格昂贵的"回答机器"。相反，他能够很好地控制自己的情绪，充分运用交际手段与批判性的思维方式，将原先的质问式地提问变成一场销售对话，避免双方的对话出现"独角戏"的结果。

在过去十多年里，情商已经被融入到领导学与行政训练的课程当中。位于北卡罗来纳州格林斯博罗的创造性领导研究中心，就在对伟大领袖的研究方面有着很长的历史。当他们运用情商测试这一测试工具去对超过302位领导与高级经理进行测试时，发现绝大多数成功的领导在自我控制方面都获得了高分，即便当事情变得糟糕时，他们依然能保持着坚定的信念，有足够的能力去采取相应的措施，做事依然果敢。他们还是非常优秀的交流者，能够很好地将自身的思想表达出来。成功的领导都是具有同理心的，愿意认真聆听他人的话语，感受他人的情感。

优秀的专业销售员知道，创造性领导研究中心在那些成功领袖身上所发现的相同品质，对销售的成功同样是极为重要的。全球私人银行与信托公司的销售员需要负责很多富人客户的账户，这些人的投资都是超越国境限制的。他们的销售团队必须要高效地执行销售技能，同时还要能够处理加拿大与国际税法所带来的复杂局面。这一团队完成了情商测试，结果显示一点，那就是优秀的销售人员在同理心、抗压力与灵活性等方面，都得到了与优秀领袖相同的高分。所以，优秀的销售员会将情商技能运用到销售过程中去，也是极为合理的事情。

为了更好地理解情商所具有的能量，我们还需要对在销售训练中很少提及的两个方面进行学习：大脑的神经科学（我们将在第二章进行讨论）以及情感或心理的管理。

你可能认为，自己需要从学校毕业之后，才能对情商有所了解。但我们可以用高中生物课的简单词语去进行解释。在生物课上，你会学习到有关解剖学的知识（这是与生物的结构与组织相关的），了解到人体的生理功能（这是与身体机械功能、生理功能以及生物化学功能相关的），当然，你还会学习到有关人体器官的知识（这是与肺部、肾脏以及消化道等器官相关的）。下面，我们将这些基础知识运用到伟大的奥林匹克游泳运动员迈克尔·菲尔普斯——这位在2008年北京奥运会上赢得八枚金牌的运动员身上。

与很多优秀游泳运动员一样，菲尔普斯天生就拥有良好的身体结构：一双长长的手臂，超出常人的躯干长度与超乎常人的有氧活动功能。很多人会将他的成功单纯归结为他优秀的身体条件。然而，我们该以公正的角度去看待这个问题，即菲尔普斯赢得冠军是因为他的运动天赋（生理与解剖学层面上的能力）呢？还是因为他在极高强度的比赛中依然保持着强大的情绪自控能力呢？

下面举个例子：在200米的蝶泳比赛中，他的护目镜突然失去功能，里面装满了水。事实上，当他最后用脚踩到终点的墙壁时，他根本看不到那堵墙。一般来说，绝大多数运动员在遇到这种突发情况时都会惊慌失措，失去前进的动力。但菲尔普斯却能够成功地控制自己的情感，继续保持信心，最后还创造了一个全新的世界纪录，获得了他在北京奥运会上的第一枚金牌。

菲尔普斯之所以赢得冠军，是因为他出色的身体条件，还是因为他控制自身情感的能力呢？应该是两者兼有。他的成功是生理与心理结合的一个结果。现在，让我们抛开竞技体育的层面，认真地审视一下神经科学与心理学。

大脑的解剖学与生理结构学结合起来之后，会产生被我们称之为智商的东西。我们通常会用智商的数字来说明一个人的显而易见的智力程度。这是一种集中专注力、组织表达能力以及吸收与解释事情的能力。智商对我们的生活与工作来说都是极为重要的，这也是很多人获得学位与得到第一份工作的重要原因。

随着研究机构的深入探讨，我们发现了情商，也就是控制自身情绪的能力，其重要性堪比智商，甚至要超越智商。情商代表着一系列非认知性的能力。情商是一种我们认识他人需求的能力，让我们更好地面对压力，是他人愿意与我们交往的基本原因。智商可能帮助你有机会踏入企业的大门，但情商却能够帮助你步步高升。我们都要面对这样一个事实，就是在你所在的行业里，优秀的销售竞争者必然会拥有很高的智商，就像优秀的奥林匹克运动员，肯定会具备很高的竞技能力，但他们的差别就在于情商。你肯定有这样的体验，就是在一个房间里遇到一个最聪明的家伙，但你却并不喜欢他，因此你也根本不想同他做生意，这就是情商重要性的直接体现。

## 2. 情商与销售结果

所以，让我们进入到第二个问题，解释一下情商的提升是如何影响到销售结果的。

每年，许多大企业都投入了数百万美元用于对销售人员进行培训，但通常却无法达到预期的销售目标或是销售结果有所改变。很多想要不断进取的销售人员与销售机构都会去研究销售的艺术与科学。你们肯定是这些想要提升自己能力的诸多销售员中的一位，因为你们都翻开了这本书，认真阅读起来了。你们可以聆听有关销售的录音带，可以参加销售课堂，阅读有关销售与影响力的最新书籍，你们可以参加由销售人员组成的组织，可以掌握到基本的销售技巧：知道如何提出问题去了解顾客所面临的难处，知道如何在销售过程中去影响顾客做出购买的决定，并在提出解决方案前，对客户的购买预算做出大致的估算。

很多销售员都知道该怎么做，既然这样，为什么你们中很多人却又匆匆忙忙地赶着去与客户会面，让客户逼着你们"炫耀自己，接着一下子就放弃"呢？为什么你们要与那些没有决策权的人频繁会面，在尚未了解客户的预算时，就写下了计划书呢？这样的行为通常被称为"认知与行动的鸿沟"。你们都知道该做什么，但在面临艰难的销售情形时，你们却经常手足无措。你们下了车，挂了电话，然后扪心自问："刚才到底发生了什么事？在刚才那次会议上，难道是我失散已久的双胞胎兄弟控制着我？为什么我不那样说，而要这样说呢？"

很多销售员在回想起之前某次糟糕的销售会面时，都会埋怨自己销售能力

不足，从而导致了糟糕的表现，其实这可能与销售员本身所具备的基本销售技
能没有什么关系。这与医生开药方的情形是差不多的。如果一位医生错误地诊
断了病人的疾病，那么他所开出来的药方必然是无法药到病除的。比方说，如
果一位病人得了季节性流感，医生却不断地给他开出治疗鼻窦感染的药方，那
么病人的病情是不会得到好转的，因为这位医生在为一个错误的问题而努力。

◆ 区分清楚销售过程所面临的挑战

很多销售员都错误地"诊断"了他们所面临的销售挑战，为着一个错误的
问题而不断努力。他们想要通过单纯增强自己的销售技能，从而提升销售的结
果。造成销售结果糟糕的根本原因，在很多时候都不是单纯因为"硬"的销售
技能，而是我们对自身情绪缺乏足够的自我控制能力，从而让你无法以清晰的
头脑去对事情进行思考，导致无法高效地做出反应所导致的。

我们需要清楚地看到，这样说绝对不是要贬低销售技巧所具有的重要性。
我们在日常的销售工作中都要不断地向销售员灌输这些销售技能。事实上，销
售技能培训与教导的过程能让我们看清认知与行动之间的鸿沟。我们与成千上
万的销售员一起工作，所以有机会观察他们在销售训练工厂里进行角色扮演
时，是否做到了绝对的完美。即便当一些销售员在销售角色扮演的过程中表现
得极为出色，但当他面对一位难缠的客户时，却依然无法将掌握的销售技能运
用出来。他们会显得神色紧张，说话口齿不清，听上去就像是一部糟糕的销售
电影里的那位糟糕的销售员。这些销售员都知道自己该怎么去做，但是他们就
是无法做到。这一让人困扰的行为让我们不得不去研究情商的重要性，因为这
可以让我们发现销售训练与销售结果之间那缺失的一环，进而弥合认知与行动

之间的鸿沟。

销售是一项艰巨的工作，其间伴随着许多的否定与挫折。如果一位销售员在自我控制与抗压力方面表现不佳的话，那么在他面对挫折与逆境时，很可能会一蹶不振，让消极的情绪、自我怀疑的态度占据心灵，出现过山车式的情感。太多的销售员都过着极为疲惫的生活，无法从自己的工作中得到内心的满足，这是因为他们没有足够的能力去控制自身的情绪，无法正确地对待职业销售所带来的压力。

### ◆ 情感管控与销售结果

对销售人员来说，最常见的一个敏感问题就是，当客户就你们的产品与服务提出质问，比方说："为什么你们公司的产品价格这么高？竞争对手的价格只有你们的一半！"如果你无法准确地认清这个敏感问题，那么你的情感反馈可能会迅速进入到一种默认对方的状态，从而提出折扣（即便当你接受了谈判技巧与妥协策略的培训之后，依然会出现这样的情况）。

具有情商的销售员能够准确地认识到潜在的敏感问题，会很好地控制自己的情感，改变自己所做出的反应。他完全可以冷静且睿智地回答说："我们提供的是高端服务，因为很多客户在与我们合作之前，都曾选择过廉价的服务，结果，他们以低价购买的服务最后反而让他们耗费了更多的金钱与时间。因为当他们打电话咨询时，电话那头根本没有人接电话来帮助解决问题。这导致了客户延误了截止期，从而影响到了他们的声誉，影响他们的经济收益。"

这一回答其实是重置了问题，将交流的方向引导到自身公司所具有的价值，将谈话的主题从价格转移到价值层面上来。你之所以能够有效地执行掌握的销售技能，是因为没有让一位强硬的客户瞬间激发你的情绪。

让我们看看朱丽妮这个例子吧。朱丽妮的销售生涯是每一位销售经理的梦想，她有着良好的工作态度，始终辛勤工作，一如既往地完成销售任务。她从事销售工作已经有五年时间了，并对自己的客户非常的熟悉。

朱丽妮销售的是一种复杂的服务，她所处的销售位置需要她具有一定程度的智商，从而了解服务运转的过程。当然，智商不是一个大问题，因为朱丽妮在大学时获得了全优的成绩。

当她第一次安排时间，与一位大公司的首席技术官进行会面时，她就发现这位技术官是一位非常难缠的客户。他显得不是很热情，对于谈话也显得不是很投入，不断向朱丽妮提出棘手的问题，比方说："我看不到你们的服务所具有的价值，我们可能要通过自身的力量去进行研发，为什么我要考虑你们的公司呢？"

虽然朱丽妮知道这个问题就是在考验她对公司的各种产品是否了解，但在面对这位不大友好的客户时，朱丽妮承受不住这样的压力，一下子惊呆了，根本想不到正确的回答（她当时唯一的想法就是如何更快地结束这场会面，以及一把掐死这位难啃的客户）。在那个压力巨大的时刻，她没有想到任何一条销售技巧，她与客户的会面变成了一场产品推销的会议，最后客户只是说："我们还需要进一步思考这个问题。"

难道朱丽妮糟糕的销售表现是因为缺乏智商、产品知识或是销售技巧吗？还是因为她在销售会面时缺乏足够管控自身情绪的能力呢？我们认为，正是因为缺乏管控自身情绪的能力才导致了这样的结果。朱丽妮刚刚体会到了认知与行动之间的鸿沟，这一道鸿沟就是她知道该怎么去做以及是否有能力做到之间的差距。她知道自己该说些什么话，知道该怎么做，但在压力之下，这些"该说该做"的事情都彻底从她的脑海里逃跑了（而这些该说该做的事情正是朱丽妮在接受销售训练时所学到的），所以她根本无法进行有效地回应。朱丽妮的情绪将她牢牢控制住了。她感到沮丧，觉得自己受到了客户的恐吓，但是这样的情绪与想法根本无法给她带来积极的销售结果。

好消息是，情商是可以通过专注与坚定的承诺去得到改变与提升的。我们希望你们成为一名优秀的销售"医生"，通过认真审视软技能（情商）与硬技能（销售能力），从而准确地诊断出自己所面临的销售挑战。

# 3. 关于"情感回报"的商业案例

你们还不相信情商所带来的根本性影响吗？那么，继续看一下组织结构下的情商研究在销售训练与招募项目中所起到的作用吧：

1. 根据美国航空行业1996年的一份报告，超过1500名应聘者接受了情商测试，在根据情商测试数据所招募的员工里，员工的保留率增加了92%，节省了大约270万美元。

2. 在一个具有先驱性的情商项目里，美国快递公司组织了一群金融咨询师参加了为期三天的情感自我意识训练。在接下来的一年里，这些受训的咨询师的销售业绩要比那些没有接受过训练的咨询师增加2%左右，为企业带来了额外的几百万收入。

3. 在欧莱雅公司里，有28名销售代表在接受了情商训练之后，要比那些没有接受情商训练的销售员在一年之内平均多销售91000多美元的商品，一共为公司增加了2558360美元的收入。

难道他们知道其他销售组织不知道的东西吗？当然不，但他们已经知道一点，那就是将智商与情商结合起来，对于取得销售与商业的成功是极为重要的。他们知道，商业交往中是存在着"情感反馈"这种现象的。

在盖洛普民意测验中心的咨询师本森·史密斯与托尼·鲁迪里亚诺的联合著作《挖掘你自身的销售能力》[1]里，他们讲述了一场实验，这场实验说明了顾客的满意度与其日后是否会向销售员推荐客户，都是与销售人员的情感联系

[1]沃尔纳商业图书出版公司，2003年出版。

存在着密不可分的关系的。那些喜欢销售人员的顾客会更加倾向于继续从同一位销售人员身上购买所需的服务。

丹尼尔·潘克在他的著作《一个全新的心智》[1]里谈论到一点，在这个概念式的时代（Conceptual Age）——也就是知识工人的时代里，要想赢得商业竞争，非常有必要运用软技能。他的著作里提出了新时代的工人需要同时拥有高概念的技能与高接触能力的观点。

高概念的技能（High-concept skills）是指一种整合数据、认清潮流与模式，并将它们转变成为一种全新的发明或是解决之道的能力。这样的能力之所以显得极为重要，是因为销售人员通常都会与"信息过载"的客户进行会面，这些客户根本没有时间去了解哪些信息是重要的，哪些信息是相对无关紧要的，他们也不知道该怎样迅速地了解到最具价值的信息，从而获得最好的结果。

正如史蒂文·J·斯坦与霍华德·E·布克在他们的联合著作《情商优势》[2]里指出的那样："一个具有竞争性的经济需要我们每个人都成为问题的解决者，而不是成为问题的汇报者与收集者。"优秀的销售人员会通过他们良好的解决问题的能力与创造性的思维来展现自己的价值。

高接触能力就需要我们对人性的微妙之处有着深刻的认知，自己找寻快乐的点，然后传播给他人，找寻目标与意义。这些品质听上去当然不像是强硬式的销售或是销售技巧，难道不是吗？但这样一种能力绝对是与情商技能——对自我与他人的认知——存在着联系。现实的情况是，世界其他新兴经济体正拥有越来越多兼具高科技能力与其他基本技能的人才。

[1]河头硬皮出版公司，2005年出版。
[2]斯托达特出版公司，2000年出版。

诸如批判性思考、解决问题的能力以及人际关系建构等方面的软技能，是要比软件项目更加难以外包与复制的技能。

**因为硬技能而上岗——却因软技能不足而遭炒鱿鱼**

很多销售经理都常会犯下这样一个错误，就是首先根据一位员工在销售行业的工作时间与经验来决定是否聘用他们。当然，这也不一定就是不好的做法。但是，这样的招聘方法没有将软技能融入到甄选销售人员的过程中。

当我们在对销售人员招聘与选择进行培训时，就与销售经理进行了一场简单公开的训练，以便提升他们对销售软技能的重视。我们要求参与者说出他们认为最糟糕的一次招聘。很多销售经理都"哈哈"地笑着说："你在开玩笑吧！"我们听到过的一个最有趣的故事，就是一位候选的销售员绕过桌子，从销售经理放在桌上的色拉碟子里拿走了一些橄榄叶来吃。你们认为这样的一个候选人会被选中吗？

关于糟糕的招聘经历，超过90%的招聘经理都说这与软技能存在着联系。我们经常会听到这样的反馈："他无法与其他部门融洽地相处"、"她的态度不够积极"或是"他无法准确地阅读客户的想法"等。请注意，这些抱怨几乎都没有与硬的销售技能存在着联系，因为这些销售经理没有这样抱怨说"他就是没有与客户达成交易的能力"、"她没有与正确的决策者进行会面"、或是"他不懂得如何销售"等。

缺乏销售软技能是销售组织没有达成预期销售结果的一个重要原因。

**情景分析**

马丁·赛里格曼博士是《可学习的乐观主义》[1]一书的作者，他在书中详

---

[1]自由出版社，1998年出版。

细地讲述了一个有关"情感反馈"的著名例子。在上世纪八十年代，他遇到了约翰·克里登，此时克里登是大都会人寿保险公司的负责人。克里登当时对公司的员工离职率感到非常焦虑。在他来到公司管理的第四年，已经有超过80%的新员工离职了，这给他的公司带来严重的经济损失与人力资源流失。

克里登对赛里格曼说："销售并不是一件容易的事，这要我们有足够的耐心，那些能够做好并且坚持下来的人，都不是一个简单的人。"（记住，这里所提到的耐心就是一种软技能，而不是一种硬技能。）

赛里格曼帮忙引入了一种衡量乐观精神的全新概念，用来对应聘的员工进行考核，让这些员工与公司一道认可优秀的销售员工的业绩。他注意到一点，那些销售排名前十的销售人员的业绩要比绝大多数排名靠后、持悲观态度的销售员高出88%。今天，大都会人寿保险公司在招聘与选用人才时都依然使用着这一套衡量员工乐观精神的概念，员工的离职率不断地下降。乐观精神，这样一种软技能，为这间公司带来实实在在的销售业绩。

刚入行所从事的一份销售工作，让我对销售的软技能产生了共鸣。当时，我有幸到田纳西州孟菲斯市的一家小企业里做一份销售的工作。在我刚加入公司时，公司的经营模式就从商品目录销售的模式转变成直销的模式。这家公司的规模不大，也没有足够多的现金去招募更多有经验的销售员，所以像我这样当时没什么销售经验的人才能够加入。

早期的销售团队是按照纯佣金制[1]的方式来获得报酬的，我们需要长时间地工作，与实力比我们强大五倍的对手进行竞争。现在回头看这段经历，我意识到了这家公司在招聘具有情商技能的销售员方面是极有眼光的。

---

[1]纯佣金制指的是按销售额(或毛利、利润)的一定比例进行提成,作为销售报酬,此外销售人员没有任何固定工资,收入是完全变动式的。

这家公司没有很多营销与销售的支持工具，所以一切都是依赖销售员本人去发现与利用手中的资源。今天，我肯定会在解决问题的情商技能与独立思考等方面，给早前工作的那个销售团队一个高分。

因为当时没有一个正式的训练项目，所以销售员都是会从其他销售员那里询问产品、销售以及客服方面的建议。这种愿意分享与帮助团队的做法就是一种被我们称为"社会责任"的情商技能——这种能力可以让我们在个体没有得益的情况下，依然选择去帮助团队完成任务。

早期团队的那个销售代表也知道一点，那就是当销售技能需要提升时，每一位销售员都需要去购买最新出版的销售书籍或是磁带。这种自我提升的行为就是被我们今天称之为"自我实现"的情商技能——不断地追求个人与专业的提升。这家公司具有招聘拥有销售软技能的员工的眼光并得到了回报。现在，这家公司成为了行业内规模最大的企业。

销售的软技能的确会产生实实在在的销售业绩，带来积极的商业回报。

# 4. 提升情商的有效步骤

情商以及对情感的存在、原因和影响的认知，最好是通过自我察觉（Self-awareness）与自我发现（Self-Discovery）来完成。认知与传播影响的一个原则，就是人们相信他们自身的"数据"。所以你有责任去发现自身作为与不作为背后的原因。

你可以遵照下面三个步骤的内容去做，如果你能在日常生活中加以运用，那么这必然能迅速增强你的自我察觉能力。

这三个步骤是：

1.放空自己，开始休息。

2.做回原始人，创造一个与技术无关的地带。

3.正确判定自身的情感。

## ◆ 第一步：放空自己，开始休息

为了增强自我意识，我们需要在日常生活中留出一段时间，让自己的心神免于烦恼与工作。自我意识是构建与提升其他情商技能的基础能力。这将帮助你更好地认清自己每天的表现以及你的态度、行为与行动对自己和他人的影响。"了解自己"就是对自我意识的一个简单定义。

我们看到过许多糟糕的销售情景，就如上文所提到的朱丽妮之所以会经常面对那么糟糕的销售情景，就是因为她没有花时间去认真思考与分析，为什么自己在参加销售会议时始终无法达成预定的结果呢？（是因为客户只是想到你的公司里看一看，然后再与第二间公司进行比较呢？还是这位客户根本就没有购买的权限？你是否真的需要去写更多的试用文案？）如果你不花时间去审视自己的行为，那么你最后只是当了一回免费的解说员，或是不断地重复砍价的过程。不要再犯这样的错误了！要是看你喜欢的电影，再看一遍可能也没什么所谓，但是糟糕的销售情景一再出现，就根本不值得去砍价了。这里有一个基本的原则：若是没有自我意识，没有做出改变，最后的结果肯定是一样的。你无法去改变那些自己尚未察觉到的缺点。

只有在休息期间，你才能真正静下心来，认真地思考自己的行为与隐忍所产生的影响。在《情商》[1]里，作者丹尼尔·戈尔曼就讲到了理查德·阿布多，这位威斯康星能源公司的前董事长与首席执行官。"理查德曾下定决心，每周都要腾出8个小时去进行孤独的思考。用理查德的话来说，就是'你必须要强迫自己抽出一些时间，远离工作所带来的烦躁与浮躁，从而再次认清现实的真实状况'。"

腾出休息的时间，可以让你自问一些更有深度的问题，从而对自己的销售行为与销售结果有更加清楚的认知。

- 到底是什么原因驱使着我对客户与顾客做出那样的反应？
- 在销售会议上，怎样做才算得上是更积极的反馈呢？
- 我下次该怎样做，才能避免再次陷入糟糕的销售情景呢？
- 我该向谁寻求帮助与指引呢？
- 我哪些方面做好了？我又该怎样重复这些行为呢？

我们曾与一位名叫乔的财富管理客户进行合作，当他了解到了自我意识的

---

[1]班塔姆出版公司，1995年首版，2005年再版。

概念之后，情不自禁发出"啊哈"的惊叹声。

乔是那种看上去拥有一切的家伙，他相貌英俊，为人风趣，讨人喜欢。他关心客户，每天都要加班工作，以保证每个客户的需求得到保障，并且在他的交易过程中始终遵守职业道德。

所以，当我们得知他无法实现预期的销售目标时，都感到有点不解。乔对我们说，当客户询问他的理财策略与哲学时，他总是会有点防卫心理。与很多销售员一样，乔错误地判断了真正存在的问题，并且试图通过运用更多的销售技巧——比方说重申客户担心的合理性以及转移谈话的方向，从而让客户更好地了解这个问题——来解决目前的问题。

但是，乔面对的真正问题是，他的肢体动作给人一种惚然不安的感觉，从而给客户带来一种不大舒适的感觉。乔进一步对自己的这种行为进行了剖析，并且自问了一些具有深度的问题，比方说，他为什么要对客户提出的一些问题显得有所防备等。他发现，原来自己一直陷入过去的思想当中无法自拔。因为在他成长的过程中，严苛的父亲就经常批评他，说他的一些想法与思想都是不对的，称这些想法都是"愚蠢的"或是"不聪明的"。乔非常努力地工作，希望通过取得好成绩与得到一份好工作来证明父亲错了，但是他在年轻时所获得的批评给他留下了深深的心理阴影，并且一直延续到他的成年阶段。当一位客户提出一个问题时，乔就会将这些问题视为对他智商的一种侮辱。所以，他会做出防御性的姿态、举止，说出抵触的话语。

当乔意识到自身情感以及其所带来后果的根源之后，他就能够重新设定客户所提出的问题，将这些问题视为合理的问题，而不是对他能力的一种批评或是质疑。之后，乔改变了他对顾客的反应方式，也自然提升了销售业绩。

◆ 第二步：做回原始人，创造一个与技术无关的地带

这个将手机等电子设备都关掉的说法，就足以让绝大多数的销售员无法做到。但是，阻止我们获得休息时间的最大障碍，其实就是这个时代很多人都离不开的技术产品。

销售人员与从事其他行业的员工一样，都觉得自己时刻需要与他人保持联系。当今的很多销售员都让我想起那些带着项圈的小狗。一旦手机震动、发出铃声，那么他们就觉得自己有必要立即拿出来看看，不管是什么时间、地点或是他们在与谁说话（你是否有过为得到关注跟智能手机进行竞争的事呢？）。

很多销售员都没有给自己预留思考的时间，因为他们总是忙于查看手机信息、邮件或是语音邮件。与一般的流行观点不同的是，人的大脑其实并不擅长同时处理多个任务。大脑的额叶需要我们保持一致专注的状态，才能够让全新的习惯慢慢养成。很多销售员养成的唯一习惯，就是不断地查看手机。

一场高层的见面销售会需要在场的参与者在数个小时里全神贯注。因为很多销售员都会经常被手机的信息与电话所打断，所以他们集中注意力的时间根本不会超过10分钟（我们经常在销售会议期间看到一些销售员在查看着智能手机！）。客户会察觉到销售员失去了专注力，也因此导致销售员失去了销售结果。而只有那些始终保持专注力且认真的销售员才有机会得到满意的销售结果。我们称这种行为是"销售注意障碍"（Sales Attention Disorder）。

你们可以培养一种全新的销售习惯来克服"销售注意障碍"，这一习惯就是反省与反思。这个习惯有助于我们腾出更多的休息时间，像创造一个无烟区那样去创造一个与技术无关的地带，每天提前15分钟醒来，然后只需将时间运

用到思考下面这几个问题即可：

- 今天，我想要给老板、同事以及顾客展现出怎样的个人形象？
- 我是想成为办公室里的核心人物，还是成为一个可有可无的人呢？
- 昨天，我在哪些方面做得不够好呢？
- 到底是什么原因让我无法做出高效的反应呢？
- 今天，到底遇到的哪些事情可能会让我失去对情绪的控制呢？

我的房间里有一件可爱的艺术品，我每天早上都会与它相处15~30分钟，认真地进行思考。艺术品上面所刻的文字始终提醒着我应该更好地与下属、同事以及顾客进行友好的交流，这些文字就是：爱意、欢乐、平和、善意、耐心与自我控制。要是我一天能够做到其中三个词所代表的行为，那么我必将过上美好的一天！

### ◆ 第三步：正确判定自身的情感

当你在对自身的认知与行动鸿沟进行分析时，很重要的一点就是要指出你此刻感受到的情感。比方说，如果你对销售经理说你对拜访某位高管感到紧张，但事实上你却对此感到实实在在的恐惧，那么你对经理那样说，其实就说明你没有找准真正的问题，所以接下来的改正也是不可能奏效的。

解决精神紧张与解决感到恐惧的方法存在着巨大的差异。精神紧张可能只是意味着你对这次机会感到非常兴奋，这可以说明你已经为此做好准备了，而不是感到骄傲自满。

感到恐惧则又是一种不同的情感，需要不同的解决方法。如果你对此感到恐惧，那么你在面对高管时就可能失去自信与个人气质。也许，你觉得与你会面的那个人在很多方面都要比你优秀，因为对方拥有那么多的头衔或是深厚的资历。毕竟，你的工作卡上只是写着"业务拓展专员"而不是写着"副总裁"。你也没有太深厚的知识背景和辉煌的成就。这位客户怎么会认真地对待你呢？你担心这位客户会将你想打的算盘全部都想到了。于是，你将电话预先通知的时间都用来担心如何让自己看上去更加聪明与睿智一些，而不是将精力专注于客户的工作与面对的挑战上。

我们在教授解决恐惧因素的一个关键概念，就是帮助你认识到你此时此刻处于一种以自我为中心的心态。没错，当你被人视为一个以自我为中心的人，这确实会让人感到受伤。然而，你可能会认真地审视自己的行为与思想，接着，你就可能进入到一种"给自己拨打电话"的频道上了："我看上去怎样啊？我说的话还正式吗？"或是"我给客户留下了深刻的印象吗"。

要充分运用同理心这种情商技能。同理心就是一种了解他人思想与感觉的能力。你可以站在客户的角度去思考问题，思考一下这位高管所过的生活。他可能扮演着多种人生角色，承担着各种沉重的责任，每天要在办公桌前工作6个小时，始终都处在一种神经紧张的状态。你有没有想过他是否真的有时间去专注于研究你的产品、服务或是你所提供的解决之道？他没有这样的时间，他需要一位优秀的销售员为他提供一条具有价值的捷径，让他的工作变得更加轻松一些。所以，他是需要你的！

转变你的关注点，调到一个全新的频道上：这一切都是直接取决于客户的。正如已故的戴尔·卡耐基曾说的："如果你时刻关心别人，对别人产生兴趣，那么在两个月的时间里所交的朋友，要比那些只想让别人关心你，对你产生兴趣的人在两年的时间里所交的朋友还多。"我们觉得卡耐基先生对情商还是相当有见解的。

　　我们将在本书接下来的内容里继续对销售过程中存在的问题进行诊断，并给予解决的"药方"，因为增强情商与提升销售业绩其实并没有什么深不可测的答案。为自己多腾出点休息时间，有意地远离手机，理清楚自己此刻感受到的情感以及产生这种情感的理由。你是在编造故事还是按照经验主义去工作呢？你现在面对客户时，依然还受到童年阴影所带来的影响吗？

　　认真地分析一番，你的反馈行为是否给你带来积极的作用，你需要做出怎样的改变？如果你没有这个问题的答案，那么你可以向你的老板、同事或是导师请教。值得信任的同事会帮助你走出情感反馈这片"森林"。

　　具有情商的销售员深知，外在发生的事情始终都是无法改变的（比方说强硬的客户与顾客，面对的压力、面对的棘手的问题，繁忙的日程安排，等等）。但是，他们同时认识到，自己对这些事情做出的反馈是可以通过不断提升自我意识，去认知、控制与提升的。祝贺你们为了将情商技能融入到销售过程，实现增加收入与增强幸福感，勇敢地迈出了第一步！

# 第二章：
# 销售与神经科学：
# 搞定客户的秘密

你能肯定地说出"我是一个优秀的销售员"吗？你的客户在认真地听你的意见吗？为什么客户会在谈话过程中突然改变态度？要弄清楚这一切，你需要对神经科学在销售中的作用有全面的了解，并在此基础上总结出销售的核心内容，进而提升自我影响力。

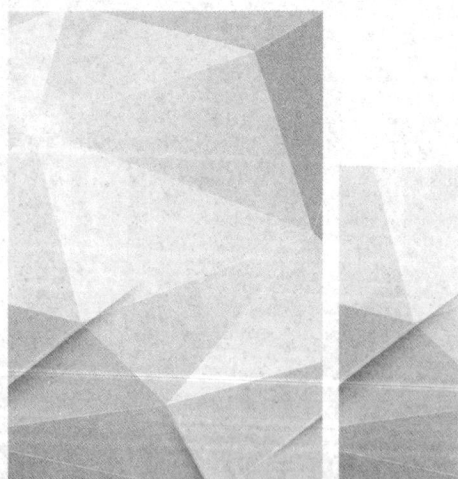

很多销售员都听过这样一句话：销售代表着一种艺术与科学。我们觉得现在是时候对这句话进行一下补充，以便更好地适应今天的商业环境。这句话应该改为"销售是艺术、科学与神经科学的融合"。

销售的艺术与销售员自身权衡客户的能力，决定了他们的个人风格，因此，你需要调整你的销售风格，从而为双方创造出一种和谐与信任的关系。这需要你通过观察客户的肢体语言，比方说他们的肢体语言的变化或是说话声调的变化，去阅读客户的心理，努力地与其保持一种沟通的联系。

销售科学要求我们在销售的每个阶段，都要对销售过程有所了解，并且运用特殊的销售技能。比方说，业务拓展需要我们执行强有力的价值方案，要想真正了解客户所面临的状况，就需要我们提出一些特殊的问题，具有很强的聆听技巧。到了解决问题的阶段，诸如讲故事与陈述的能力就需要得到最大限度地发挥。

《韦氏大辞典》对神经科学的定义是这样的："这是生命科学的一个分支，涉及解剖学、生理学、生物化学或是神经与神经组织的分子生物学，特别是与它们的行为与认知存在着联系。""行为"与"认知"是这个定义中的关键词。对神经科学的了解可以提升我们对销售艺术与科学的认知，因为这能够让销售人员在执行发挥影响力的技能时始终如一，从而得到一个持续的销售结果。正如我们在第一章所谈到的，很多销售员知道该怎么去做，但是他们就是无法做到。

为了取得更大的销售成功，很多专业销售人员都会使用多种不同的工具来进行辅助。他们在看到有关吸引法则的书籍时，都会读到这样一句话："认真思考你的目标，那么这些目标就会自然朝你走来！"

他们写下了积极正面的自我肯定话语："我现在很快乐，很成功，很富有。"每天早上，他们醒来时都相信自己必然能够取得成功。

接着，当他们面对糟糕的销售情景或是棘手的管理困境时，情感就会牢牢地控制住他们的心灵，此时销售人员唯一表现并相信的，可能就是自我怀疑与沮丧等情绪。按照约翰·亚登在他的著作《重构你的大脑》[1]里所谈到的，"若是你无法改变自己的大脑，那么你是绝对无法改变自己的思想与感觉方式的。"换言之，除非你能真切地改变你的心灵途径，否则你是无法展现出全新的行为、反馈与技能的。你对自己大脑运行的方式了解得越多，那么你就越有可能取得成功。

---

[1]威利出版公司，2010年出版。

# 1. 如果客户是个"偏执狂"

## 杏仁核——本能动作的支配者

在开始学习有关销售神经科学的知识时，我们首先需要对大脑里被称为"杏仁核"的部分进行认知。杏仁核是一个扁桃树形状的连接簇结构，位于大脑左右半区的脑干上面。杏仁核可以说是大脑里最"古老"的部分，通常被称为"年老"的大脑或是"爬行虫类时代"的大脑。杏仁核是淋巴系统的一部分，这是一个与情感和体验连接起来的结构组织，能够帮助我们及时地发现威胁的存在，这也是大脑里面的一个情感预警系统，能帮助我们对所有进入大脑的刺激进行筛选，然后决定哪些刺激是安全的，哪些刺激是不安全的。这就像是我们每天开车上班时遇到的红绿灯那样。红灯停，绿灯行，黄灯闪烁则意味着前方谨慎行车。

这种对信息的筛选与检查是在不知不觉中完成的，并不需要有意为之。杏仁核有能力控制住大脑的其他部位，包括位于前额皮质的认知与理性中心，这个部位与我们计划复杂的认知行为是息息相关的。当杏仁核感觉到危险的降临时，它就会本能地产生一种抵抗、逃避或是静止的反馈。此时，我们的心跳会加速，肾上腺素的分泌也会急速上升，从而为身体做出反应做好准备。

为了更好地了解杏仁核的功能，让我们看下面两个例子，其中一个是杏仁核对我们产生好处的例子，另一个则是起到消极作用的例子。

你们在日常生活中可能都多次体验到杏仁核所带来的积极作用。例如，你正在高速公路上开车，突然前方一辆车的司机大脚刹车。如果此时你大脑的前额叶处于主导控制地位，而不是杏仁核处于控制地位的话，那么你就可能会说："糟糕！前面那个愚蠢的司机突然刹车了，我最好松一下油门，向右转，接着用力踩刹车。"当你的这段逻辑语言完成时，你可能已经撞上前面的车，酿成交通事故了。但事实上，在这种情况下，你的杏仁核会迅速处于控制地位，让你在瞬间察觉到危险的到来，并促使你立即做出踩刹车的本能动作——这一切都是不需要逻辑思想或是理智过程的。

现在，让我们回到史前时代，研究一下洞穴人的生活状况。对于那个时代的洞穴人来说，他们的日常生活首先关注的就是食物、住所与自身安全。他们会不止一次遇到诸如熊这样的动物。此时，他们的杏仁核就会感受到危险，发出抵抗或是逃跑的反馈信息。如果洞穴人选择抵抗，那么他们很有可能敌不过熊的尖牙利爪。如果他们选择逃跑，而熊的奔跑速度可能也要更快一些。无论是选择抵抗还是逃跑，熊最后都可能吃上一顿美味的午餐。

顺便说一下，如果你在野外碰上了一头熊，正确的反应是进行情绪的管控，要让逻辑与理智的思想冒出来：站着不动，这就代表着不要盲目逃跑；保持冷静，这就代表着不能盲目抵抗；接着用柔和的声音与熊说话，寻找适宜的时机逃脱眼前的险境。因为情商训练在远古时代并不存在，所以我们几乎可以肯定洞穴人会选择迅速逃跑或是拼死抵抗的反馈行为。

对神经科学的认知会以怎样的方式提升销售结果呢？我们不是在被熊追赶着，虽然一些难缠的客户与顾客在很多时候的表现都很像一头熊。

试想这样一种销售情景：你首次与三位客户见面。其中两位客户都能与你友好地交流，他们会提出并回答一些问题，参与感非常足。第三位客户则似乎对此漠不关心，也毫不掩饰自己的不耐烦。他在看着自己的手表，不时查看着智能手机，他的每一个肢体动作都在告诉你，他并不想参加这次会面。

这位客户看似清高且具有敌意的举动可能会引发你做出抵抗或是逃避的反应，但如果你接受过情商训练，了解有关神经科学的基本知识，那么你是不会这样做的。

## ◆ 客户有"敌意"，你是抵抗还是逃避

让我们研究一下我的客户在销售培训课程上分享的一些关于抵抗反馈的故事。也许，你们都能说出一两个这样的故事。当你面对一位具有"敌意"的客户时，有可能会出现下面几种情况：

- 销售员摆出咄咄逼人的态势，身子向客户倾斜。
- 销售员的说话语速变快，声音变大。
- 销售员采取防御的姿态，声音的语调变得尖锐短促。
- 销售员陷入到产品推销的销售逻辑里，以证明自己是聪明的。
- 销售员试图通过提出特别的问题，去接触具有敌意的客户。
- 销售员对客户提出的问题做出讽刺的回答。例如，客户问："为什么你们给出的价格要比你们的竞争对手更高一些呢？"你回答说："某某先生，我们的这个报价一定会让你觉得物有所值。"或是"你是想要买一辆奇瑞QQ还是凯迪拉克轿车呢？"

销售人员在做出逃避反应时也同样有趣，我们可以看看下面几种情况：

- 销售员采取忽视具有敌意的客户的态度，希望这场会面可以在没有他参与的情况下继续进行。他会将专注力集中在那两位愿意参与进来的客户身上，而忽视那位态度冷漠的客户。
- 销售员太容易做出让步。当那位不大愿意参与进来的客户最终说："你

们的价格能够打个九折吗？"此时，大脑完全受情感控制的销售员可能立即表示愿意在价格上做出让步。

• 销售员同意写一份项目评估计划。那位没怎么参与进来的客户只是用一两句话来回答你的问题。我们称他们为"咕哝式"的销售会面。在销售会面结束时，那位客户就会希望销售员能够提出一份计划。此时正处于逃避模式控制的销售员就会立即回答说："好的，我可以提出一些推荐的建议。"虽然在这个时候，他根本对客户的需求、预算以及决策过程都一无所知。

#### ◆ 认知与行动的鸿沟

抵抗与逃避的反应，是由于我们没有能力去管控自身情绪而触发的，造成这种情况的根源是缺乏销售的执行力。你知道自己应该遵照原本的销售计划去做，但在压力之下，你陷入了客户主导的购买过程中。因此，你无法运用之前学习过的一些销售技能或是反馈行为。

这其实与销售员的意志与能力都没有多大的关系——这其实与简单的生物学知识存在着联系。当你的情感冒出来之后，血液就会从消化道进入到肌肉与身体四肢，从而为你逃避或是反抗做好准备（杏仁核认为你此刻面临着一头熊，即察觉到了危险的存在），你的心跳也会加速，肾上腺素释放出来，思想的清晰度也会受到影响。你所有掌握的销售技能都会迷失在重重的情感当中。在很多情况下，你最后只剩下像猴子那样的交流能力。

你无法做出正确反应的一个原因，就是你没有长时间地训练全新的技能与行为，从而无法让你养成一个长期的记忆。长期的记忆就是一种回想信息的能力。比方说，大多数成年人都还能想起小学时唱过的那首《ABC》儿歌，而一些人也能够回想起自己最爱的一部电影里的画面。短期的记忆顾名思义就是记忆的期限是很短暂的，你只能回想起诸如电话号码、某个人的名字等信息——并且距离你上次听到的时间可能不到30秒（大家肯定都参加过聚会，朋友向你介绍某个人，两分钟之后，你已经不记得这个新朋友叫什么名字了）。专注的训练与重复行为是让短期记忆里的数据变成长期记忆的一部分的唯一方法。

因为缺乏销售训练，很多销售员在面对具有敌意的客户时，都会回到之前那种低效的反应方式上。其中的原因是他们没有花费时间去改变过去的老习惯与反应行为。在他们的长期记忆里，根本没有全新且高效的反应行为等相关的数据。

我们经常会对前来参加培训的客户说，他们在学习一种全新技能的时候，至少要重复训练144次，才有可能将这种技能融入到长期记忆里。我们认为，当某人长时间将专注力集中在培养某种技能或是反应行为时，那么这样的行为就会改变大脑原先的结构。要想掌握一种全新的技能，必须要重复学习144次，这个数字必然能够引起销售员的注意，让他们意识到自己之前根本没有抽出足够多的时间去掌握这种技能。

约翰·伍登，这位堪称史上最成功的教练，曾在十二年的时间里，带领球队赢下了十次美国大学生篮球联赛的总冠军。伍登不仅在篮球技术的层面上给予球员指导，而且还向他们传授情感管理方面的技能。在他所著的《伍登的领导学》[1]一书里，就特别提到一点，"失去了对情绪的控制，会让我们的球队输球，因为你们都在犯着一些毫无必要的错误，此时你们准确的判断力就会受到损害。""要么管控你的情感，要么被你的情感牢牢控制住。"这些都是伍登给予球员的中肯建议。他的建议不仅对篮球运动员适用，也同样适用于从事专业销售的人员。

[1]麦克格劳·希尔出版公司，2005年出版。

# 2. "以退为进"的销售艺术

在面对难缠的客户时，除了抵抗与逃避之外，还有第三种应对方式——那就是具有情商的反应。成功的销售员会察觉到消极负面的触发点，所以会选择不对这些触发点进行反应或是回应。他能够很好地管控自己的情绪，解决好"房间里的大象"（"房间里的大象"是指被忽视或是得不到解决的问题）。"房间里的大象"是那么的明显，几乎是谁都能够看到的。在上面提到那个喜欢抱怨的客户故事里，那位有敌意的客户显然并不想参加那次会面。真正具有影响力的人是不会围绕着大象跳舞的，他们都是与大象共舞的。

具有情商的销售员不会忽视这一明显的事实，而是会冷静地中断刚才的会面，阐述这个显而易见的事实：

"我真的很感谢你们今天能够抽出时间与我会面。但是，我感觉到我们的谈话方向应该转变一下。汤姆，你觉得我说得对吗？"

这个问题的提出并没有带着愤怒或是不满的情绪。销售员可以冷静地说出这个问题，因为这只是指出房间里大家都显然知道的一个问题而已。我们称之为"说出事实"，这是一种具有强大影响力的技能。按照伍登教练的观点，这能够让你更好地管控自己的情感，而不是让情感牢牢地将你控制住。

将"房间里的大象"引出来，或者说出事实，这需要我们对神经科学与情商技能都有一定的认知。

首先，你需要意识到人在察觉到威胁之后，会在生理层面上做出自然的反应。察觉到事实总是我们通向任何持久改变或是提升的第一步。接着，因为你的察觉能力得到了提升，所以你能够清楚地意识到触发点到底是什么，从而让你有意识地选择运用两种情商技能，保持冷静的状态。

这两种情商技能是：

1. 自我察觉——这是一种对自身感觉与事情原因进行认知的能力，这是一种可以让我们选择以怎样的方式去面对他人的能力。

2. 自我肯定——这是一种以友好方式说明自身需求的能力。比方说："如果你不与我进行深入的交谈，我是不会去写风险评估报告的。"

**情景分析**

一位从事市场营销与品牌推广的客户在接受了有关神经科学与情商方面的培训之后，向我们分享了下面这个故事。

苏在一场区域销售会议上担任演讲人。会议上的一位参与者鲍勃对苏的演讲印象非常深刻，于是热情地邀请她与他的合作伙伴举行一次会面。两周后，苏与鲍勃以及鲍勃的合作伙伴里奇一起会面。鲍勃在见面后就将他在那次区域销售会议上听到苏讲述的好主意都说了出来，他还就苏谈到的服务与客户方面提出了几个问题。

苏与鲍勃的会面非常顺利，里奇则清楚地说明，自己并不想参加这次会面。他没有提出任何问题，不断地做出防御性的肢体动作——不时查看着手机。

就是傻子都能看出当时的情况。在面对这样的销售情况时，销售员可以迅速地结束这场会面（这属于逃避模式），也可以用咄咄逼人的口气对里奇说话（这属于抵抗模式），或是选择以友好的态度将这个事实说清楚。因为苏之前接受过这方面的培训，所以她选择了第三种应对方式，立即中断了与鲍勃的谈话，接着说：

"鲍勃，我非常感谢你今天邀请我过来这里与你会面。能够与你这么优秀的人一起合作总是让人感到愉快的。里奇，我觉得鲍勃今天让我过来谈论的事情可能并不是你优先考虑的！"

里奇立即回答说："是的，的确不是我优先考虑的事情。"

苏并没有对里奇粗鲁的回答表现出任何不满，而是选择再次转移话题的方向，说：

"我也是这样认为的。那你认为我们应该谈论什么事情呢？"

里奇的确是有一个不同的日程安排，这些安排都是与营销与品牌推广相关的。之后，这场销售谈话就转向了营销与品牌推广——这符合当时谈话的正确方向——两个月后，苏有了一位新客户。

问题是：苏是凭借着销售技能还是情商技能赢得了新业务呢？我们认为是这两者的完美结合才达成了这个结果。但我们也非常清楚一点，那就是在每次的销售中，心态都要比销售技能更加重要。如果苏在当时不能控制自己的情绪，不能直面当时显然存在的事实，那她是根本没有机会运用到优秀的咨询能力与解决问题的能力的。正是销售的软技能帮助她获得了实实在在的销售结果。

# 3.穿上客户要买的鞋子走上一里路

同时，我们也要记住，客户也是有杏仁核的，这是很重要的一个认知。很多销售员所接受的销售技能都是低效的，因为这些销售技能都没有将大脑的结构纳入考量的范畴。

比方说，销售员都会接受ABC销售法则这个观点，所谓ABC销售法则就是指始终要努力地保持与客户的亲近态度（Always be closing），设身处地为客户着想，在销售会议期间察觉到客户的忧虑，并且能够提出一系列的试探："某某客户，如果我们解决了这个问题，你是否想继续谈论下一个问题呢？"（将这段话说出来，其实是很痛苦的一件事。）客户的杏仁核会让他感觉到危险的存在，因为销售员在提出引导性的问题。客户会对之前分享的所有信息感到焦虑，害怕这会在销售过程中对自己产生不利的作用。结果，这位客户可能会陷入到自我封闭的状态，之前原本是咨询式的谈话变成了流于表面的对话，根本没有触及根本或是重要的问题。

情商就只关乎常识，引导性的问题根本没有必要。当你抛出一个引导性的问题时，客户会怎么回答呢？他们会说："不是这样的，我已经学会去享受这个问题的存在了，看到公司为这个问题不断浪费金钱，真是一件有意思的事情啊。"

在面对这种情况时，我们会向我们的客户呈现一种更加安全的销售方式，从而让客户感觉到自己的安全，因为我们并不想让客户的杏仁核感觉到危险的存在。当客户感觉到自身安全时，他们就愿意分享更多的信息，这将会有助于销售员更好地看清楚事实的真相。下面就是几个例子：

• 典型的接触方式："你们是否在科技问题上存在着问题？"以"你们是否"作为一个问题的开始，在客户的杏仁核看来，可以解读为销售员为了尽快结束销售谈话而设立了一个陷阱。"如果我的回答是肯定的，那么我就承认了我们遇到了这方面的问题，此时，这位销售员就会向我兜售他们的产品。"于是，这位客户就会警觉起来，在销售谈话过程中也不愿意多分享自己的想法。

• 安全的接触方式："我不敢肯定你们是否真的遇到了科技方面上的问题。如果你们真的遇到了，那么你我都知道，这些挑战实在是太大了，需要投入足够多的时间与金钱去解决。"这样的接触方式则是没有透出任何威胁性的，这将会让客户感觉自己处于一种控制着会议场面，扭转了会议上每个人的角色的地位。当你谈到客户在面临着诸多选择时的不易时，你展现了自己的同理心。此时，客户需要去说服销售员，即这个问题的确是需要优先考虑优先解决的。当人们觉得自己掌控着一切时，他们就会有安全感，也能以更加开放的态度加入到谈话中去。

## ◆ 你是否失去了理智

你们可能都听说过这样一句古话："所谓失去理智，是指重复相同的行为，却期盼得到不同的结果。"有时，销售这份工作是非常难做的。尤其是当你不断地重复同样一些销售错误，这只会让你的工作更加艰难。让人感到遗憾的是，很多销售员都是抱着一种"比上不足比下有余"的工作心态，对平庸的人生感到满意，从来没有想过去追求卓越的人生。关于这点，最让人感到迷惑不解的部分就是，管控情绪与掌握销售能力都是销售员可以进行自我控制的，因为每个人都可以真切地改变自己的思考方式，改变自己对事情所做出来的反应。不管你是处于经济萧条时期还是竞争激烈时期，这都不是阻挡你熟练掌握销售技能的真正原因。

重复是通向熟练的钥匙，对神经科学的认知能够让你将训练的方式融入到日常的销售生活中去。

下面用简单的语言去讲述一下。你一出生就拥有了大约一亿个神经元，每个神经元都可以组成15000个连接，这就是被我们称为"突触"的组织。一种重复的行为就能够创造出一种神经通路。神经通路的形成过程就被我们称之为"神经可塑性"。"无数的细胞融合在一起了"就是描述这个过程通常使用的一个说法。这其实与举重是差不多的一个过程。当你对某一块肌肉锻炼的次数越多，那么这块肌肉就会变得更加强壮有力。

这一事实所带来的兴奋消息，是你有能力去学习并掌握全新的技能，并且形成全新的思想习惯与反馈行为。过去，人们想当然地认为，只要你的大脑被某些思想所控制，那么你的大脑就会永远都受此控制。最新的神经科学研究证明了一点，那就是大脑拥有一种适应与形成全新神经通路的神奇力量。正是因为大脑的可塑性才让我们能够不断地学习。

## ◆ 你可以教一只销售"老狗"全新的技能

这对销售员来说特别重要。过往的那一套销售技巧已经不能适用今天的客户需求了，销售的成功需要销售员掌握更多的销售新技能。经过不断地重复与专注学习，经验丰富的销售"老狗"就能通过创造出一条全新的神经通路，从而掌握全新的技能。

这就像是一场猫捉老鼠的游戏。为了能让全新的神经通路形成，你必须要保持专注力，并且愿意不断地进行训练。学习是大脑额叶的一种功能，这需要你保持专注力，从而更好地提升神经可塑性，将短期记忆里的想法最终转变成长期记忆的一部分。

专注力往往是销售与工作过程中遇到的一个问题。很多没有这样认知的公司都会允许销售人员在演讲、销售会议或是销售训练的过程中使用笔记本电脑与智能手机。此时，这些销售员无法认真地聆听、吸收全新的知识，而是忙于回复邮件与短信。销售经理只能耸耸肩，说："这个世界变了，我们只能接受这个全新的时代。"

问题在于，无论科技已经发展到什么程度，你们学习、记忆与掌握全新信息的方式都是没有发生变化的——以后也将不会发生变化，因为大脑的结构方式是固定的。如果你在销售训练课程或是销售会议上分心了，那么你就可能无法记住这些信息。个人与公司之所以会在这些方面浪费掉很多时间与金钱，就是因为他们不知道该怎样去利用大脑的这种能量，从而获得更好的销售结果。

所以，不要再为自己缺乏专注的行为去找寻各种新借口了。如果你真的希望成为一名优秀的销售员与具有影响力的人，那么你就要打起精神，保持认真专注的态度。

## ◆ 销售运动员

体育竞技比赛也是研究神经可塑性的一个很好的途径。教练以及他们的队员都知道该怎样更好地提升自己的竞技状态，从而击败对手。你们有没有见过一位足球运动员在足球场上发过短信？答案自然是否定的，因为竞技状态需要保持专注力。

教练经常会向球员们安排全新的战术。难道教练只需要让队员们演练一次，就希望他们能够彻底地执行这种战术吗？不可能的。队员们训练的时间必须要多于他们的比赛时间。他们必须要不断地训练，才能够创造出一种全新的神经通路，从而允许他们自然而然地执行这些行为与动作。在面对沉重压力的时候，队员们就不容易恢复到过往的习惯中去，因为神经可塑性的过程已经完成了，取代了之前那些老习惯。

在2011年美国大学生篮球联赛的一场比赛中，观众们目瞪口呆地看着一位球员在比赛还剩下15秒的时候继续带球。此时，他的球队还落后一分，所以他需要投下致命的一击。还剩10秒，5秒，突然"嗖"的一声——篮球空心进篮！这就是长时间的训练、管控自身情绪以及高效的执行力所导致的结果。

让我们看看销售世界里的一个例子吧。提出价值方案是每一位销售员都想去做的。要是做得出色的话，那么这就有可能为他们提供更多全新的机会与销售对话。学习一种固有的价值方案并不是太难，有时你可以只用三句话，就将你提供的产品与服务所能帮助客户解决的问题说清楚。

但是，当我们来到销售组织，要求销售团队阐述他们的价值方案时，我们经常看到他们支支吾吾，不知道该怎样说，稍微好一点的回答就是"让我重新想想"。

这实在无法给人留下深刻的印象（如果你在小学二年级学习了《效忠宣言》，那么我们可以肯定，通过专注与重复，你可以很快就学会那三句话。），既然这样，那么销售员缺乏这种技能的真正原因是什么呢？其实，他们就是缺乏对自我的承诺，缺乏专注力与重复训练的精神。他们从来都没有努力培养创作价值方案的神经通路。

通往成功是没有捷径的。你必须不断地练习，才能够让每个神经元联系起来，从而创造出一条全新的神经通路。如果你不愿意努力训练，那么你只能接受平庸的销售结果。

# 4. 销售艺术之精华

让我们将本章的所有概念都归纳总结一下。一位值得信任的客户向你引荐了一位客户。这位被推荐的客户一直很忙碌，你都没有时间跟他好好地进行真正的交谈。但是，这位被推荐的客户对你说："这单买卖其实是十拿九稳的了。"

会议开始之后，你首先询问客户想要谈论什么方面的内容。这位客户回答说："跟我说说你们公司的情况吧。我们现在还不确定是要外包还是自己做。"（从这位客户说话的口气来看，这单买卖看来并不是十拿九稳的。）

若是你没有接受过情感管控的训练，那么你就会陷入恐慌的模式。你会将客户所说的一句简单话语视为对你的一种反对，然后就会努力地试图反驳这种反对。你说："某某先生，这就是你们应该选择外包，而不是自己做的各种理由。"在这个过程中，你没有去发现客户的担忧，也没有与客户建立起和谐的关系。你所做出的努力只是希望能更快地达成销售，这就会触发到客户的杏仁核，让他们感觉到危险的存在。他们会觉得，此时遇到了危险信号，房间里的销售员试图尽快完成这次销售。

如果你之前接受过情绪管控的训练，那么你就会做出同意客户说法的表态，努力不让自己作出过度的反应。你听到的只是客户做出的一个简单陈述，而不是一个反对。你知道唯一能够帮助你让客户下定决心的方式，就是提出这样的问题：

"某某先生，你可能不需要外包这些服务。但我们可以讨论一下这两种选择的好处与坏处。在这次会议结束的时候，我想我们就可以知道你是应该外包这些服务还是需要自己来做了。"

　　同样的销售情景，同样的一件事，却会得到不同的结果。第一种回答方式会让客户觉得供应商只是专注于达成交易，这通常都会造成供应商做出追逐模式或是出现"买就降价"的结果。第二种回答方式则是基于合作心态下的一种协作精神。如果最终的销售达成了，这也应该是建立在价值层面上的，而不应该是价格层面上的。

# 5.提升自身影响力的有效步骤

那我们该怎样走出抵抗与逃避的循环呢？你又该怎样去将自己的能力、态度与行为提升到另一个层次呢？好消息是，你绝对是有很多事情可做，而且这些工作都是你自身可以牢牢控制的。你可以按照下面的几个步骤去做：

1.做出改变、成长与提升的决定。

2.认清情感的触发点，改变你做出的反应。

3.训练，训练，再训练。

第一条行动建议可能会让你感到吃惊，因为这并没有涉及情商或是神经科学。但是，如果你迈不出第一步的话，那么下面的行动步骤也不需要执行了。

## ◆ 第一步：做出改变、成长与提升的决定

我们的办公室里挂着这样一句话："唯一不需要你做出改变、成长与提升的时候，就是当你的竞争对手也做出了相同的决定。"在与美国食品公司的高管进行的一次销售会议上，该公司负责销售的副总裁斯宾塞·沃伦就要求他的销售团队下定决心，去打更多的无约电话。

他说自己在一个3000英亩的农场里长大。在农场里干活需要你到处走，跨越栅栏。他说："你们都知道，你必须要做出一个决定，是让你的双脚处于栅栏的这一边还是另一边。因为双腿叉开坐在栅栏上是不会让人觉得舒服的。"

很多销售员都是这种专业的"双腿叉开坐的人"。他们说希望自己能变得

更好，但日程安排表却没有显示出他们想要变得更加优秀的决心。他们没有安排时间去让自己进行必要的自我提升训练。电视里播出的真人秀对他的诱惑，似乎要比熟练掌握销售技能更加强烈。很多销售员都喜欢谈论成功，但他们却不愿意勇敢地迈出这一步，沿着销售这条路一直走下去。

当我们对客户进行培训的时候，事情变得有点棘手，因为我们的客户正是那样一位"双腿叉开坐在栅栏"上的人，他始终没有下定决心该怎样去做。他没有掌握提出具有价值的风险评估方案的方法，也不知道如何提出十个基本的问题，更没有去做一些必要的工作，从而让销售渠道变得更加顺畅一些。他为此找来的借口是："我没有这样做的时间。"我的回答是："你是不是开车去上班的？你不是还有开车上下班的时间吗？你是怎样利用这段时间的？"

开车的时间是我们锻炼销售技能的绝好时间，此时我们可以听一张与销售培训相关的CD，从而不断增强对销售各种概念与技能的理解。时间本身其实并不是一个问题。真正的问题是，这位客户根本没有下定决心去让自己成为一名优秀的销售员。难道不是这样吗？

《超凡者》[1]一书的作者马尔科姆·格拉德维尔就曾在他的这本书里分享了这样一个实验，那就是如何在一夜之间取得成功。这个实验在当时引发了人们的广泛关注。这个实验的结果是非常简单直接的，那就是要想取得成功，至少要投入10000小时或者是10年的时间。当然，他也注意到天赋是成功的一个因素，但是，诸多的研究表明，只有当天赋与自身愿意在某个行业里出类拔萃的决心融合起来，才有可能实现这个"一夜成功"的目标。

---

[1]小布朗出版公司，2008年出版。

神经学家丹尼尔·列维廷在他的著作《你的大脑在奏响音乐》[1]里谈到了一点，不论是作曲家、篮球运动员、小说家、溜冰运动员、钢琴家、棋牌手还是熟练的罪犯——他们都是需要至少训练10000小时，才能够熟练地掌握这些技能，从而达到世界顶尖专家的水准的。

当你读到这里的时候，可能会觉得有点沮丧，因为你可能离成为顶尖专家还有9500小时的距离。但请你记住一点，在你通向大师的道路上，自我的提升是缓缓出现的。所以，下定决心吧！你是想要成为一个平庸之人，还是想要成为一名大师呢？

### ◆ 第二步：认清情感的触发点，改变你做出的反应

自我察觉是我们做出任何改变的第一步。顶尖的销售员会认真参加每一次销售会议，不管会议上说的是好消息还是坏消息，因为他们需要知道哪些行为是正确的，还有哪些地方是需要提升的。

顶尖的销售员在对情商与神经科学有了充分的认知后，就能认清客户对他们的情感触发点，从而避免自己出现抵抗或是逃避的行为。他们非常清楚自己无法控制这样的情感触发点，但是他们能够控制自己对此做出的反馈。

下面是我们从销售员那里了解到的可能会触发他们情感反应的几种销售情景。

• "当客户总是让我处于等待状态时，我就会感到很恼火。我开始产生这样的想法：这位客户并不尊重我的时间；这场会面只会浪费我的时间。所以，当会面开始之后，我就知道自己肯定会表现出一种防御的姿态。"

• "我知道当客户在会面开始之后立即询问有关价格的问题时，我是有点

---

[1]企鹅出版公司，2006年出版。

过度反应了。我当时没有运用良好的销售技能去转移谈话的方向，而是发现自己结结巴巴，不知道该怎么回答。"

• "在会面时，客户在不停地查看着电子邮件，这让我实在是忍无可忍。我知道我应该直接告诉他，要么就取消这次会面，要么就重新安排会面的时间。但是，这些想法却始终都停留在我的脑海里，没有说出口。"

我们可以利用一个重要的工具去改变你所做出的反馈：那就是改变你的这些想法！

当销售员认真审视自身这些反应背后的原因时，他们肯定会发现疑点，那就是他们的这些想法都是不具有任何创造性的。其实，从某个层面上来看，销售员就应该是一名出色的小说家。他们应该给自己灌输很多积极的想法，编造出很多有趣的故事。只有这样，他们才能够将虚构出来的小说变成畅销书。下面就是几个应对的方法：

• 面对总是让你等待的客户。将你的想法变成这样："哇，这人看来是真的很忙啊！这是一个好的信号，因为他可能是那种想要急切找到合作伙伴或是捷径的客户，他可能没有时间去分析与解决他面对的问题。"

• 面对那些一下子就谈论价格的客户。将你的想法变成这样："我不能责备他一开始就谈论有关价格的事情。绝大多数的客户都不知道如何提出恰当的问题，所以他们只会提出自己知道的问题，那就是'这将会让我花多少钱'，当我们谈论到他所关心的其他问题时，这场会面将会变得非常有趣。"

• 面对那些在会面时发邮件的客户。将你的想法变成这样："这都是我的错。我忘记了事先将会面设定为一个小时不中断的会面。我将会友好地要求他不要再发邮件，如果他真的不能做到，那么我们就需要重新安排一个会面的时间。"

改变你的想法，那么你也就能改变自身做出的情感反应。

## ◆ 第三步：训练，训练，再训练

当你看到了某位顶尖的销售员时，你几乎可以肯定他之所以这么优秀，完全是因为他在背后付出了许多训练的时间。一场重要会议的演说者在发表一场现场演说时，即便只是发表一个小时的演说，也至少要练习一百次以上。

有两种训练的方式：身体力行地去训练，或是在脑海里想象着自己执行这些技能。

身体力行的训练需要你下定决心，在繁忙的日程表中抽出时间，去与同事或是导师会面。这意味着你需要让某人与你进行角色扮演，从而就销售过程进行不同的训练。如果你想要打一个无约电话，那么你就要不断进行训练。你可以听自己发出去的语音邮件，认真分析自己说话的语调。想一下，如果是你，你会购买自己提供的服务吗？

如果你正在为一场重要的销售会议进行准备，那么你就该对会面时间、安排与结果进行预期的训练。你要创造出满足客户需求的价值风险评估计划，而且要根据客户的地位与所处的行业进行自我训练。你要一遍遍地训练如何与他们进行沟通。如果你知道自己在销售会议时总是喜欢快速地回答客户的问题，那么你就应该练习如何转移谈话的方向，展现清晰表达自身观点的能力。

进行心灵的训练——通过视觉化的训练去进行改变——这是展现大脑具有不可思议能量的另一个例子。研究表明，当一个人在脑海里对某项活动进行视觉化想象的时候，那么大脑的同一部位就会处于活跃状态，似乎他真的就在参与这场活动。参与竞技体育比赛的运动员们很早就将视觉化的锻炼融入到他们的训练体系里了。

关于视觉化带来好处的一个最佳例子，当属美军少校纳斯贝夫在越南当战俘的事例。在七年的囚禁岁月里，他被关在一个小小的笼子里，甚至都不能笔直地站立。但是，纳斯贝夫却充分运用了视觉化想象的能力，努力保持自己的理智与敏锐的思维。

每一天，他都会想象着自己打着高尔夫球。他的想象达到了非常精细的程度，将高尔夫比赛的每个细节都想象到了，然后在脑海里不断地重复着每个细节。当纳斯贝夫最终获释时，他发现自己打高尔夫竟然要比之前低了20杆，最不可思议的是，在过去七年里，他根本就没有碰过高尔夫球杆。

这就是大脑的力量。纳斯贝夫通过不断视觉化的想象，形成了一种全新的神经通路，这让他在从未亲身走上高尔夫球场的情况下，就能够提升自己的高尔夫水平。

现在，我们将这个故事引申到销售行业。作为一名专业的销售人员，你们也需要从繁忙的日程安排中，抽出足够的时间去进行视觉化的心灵训练。

视觉化想象是预先计划的组成部分。你可以在脑海里勾勒出这样一幅景象，你正在进行着一场非常成功的销售会议。你要真切地体验这次成功会议所带来的感觉。你在想象的画面中始终表现得那么冷静、镇定与具有竞争力。

试想你所面对的客户是一位尊敬他人、风趣且幽默的人。想象着你提出了睿智且有深度的问题，最终完美地展现出自己的才能，达成了最好的结果。当你不断在脑海里重复这样的过程，那么你就能为你的思想、行为与技能创造出全新的神经通路。

你们是时候提升自己的销售水准了。你们应该将神经科学与情商技能运用到业务拓展与销售过程中去。这些知识将有助于你们取得成功，并让你们相信，情商技能是销售行业全新的竞争优势所在。

# 第三章：
## 你真的知道你的销售渠道为何不畅吗

作为销售能手的你，是否有这样的困惑——每天工作都安排得很满，但似乎收效并不明显；你所达到的目标总是离你所设定的差那么一点点；你的潜在客户似乎并不那么需要你？这些问题的出现，你是否决定一探究竟？那么，现在开始学会用神经科学来解决吧，开发属于你的客户，畅通你的销售渠道！

生活中有很多体现基本因果关系的情形。如果你不浇水灌溉植物，那么它们就会枯萎死去。如果你不去努力运动，那么你很有可能就会肥胖起来。如果你不加满油箱，那么你的汽车就可能停在高速路上。

销售工作中也有相似的因果关系情形。如果你不能持续有效地开发客户，那么你的销售渠道肯定是不会畅通的，销售周期会变得更长，最终的销售结果也不会尽如人意。

每一位销售员都知道，持续高效地开发客户对达成销售目标是至关重要的。业务拓展活动会因为行业、公司的生命周期以及公司营销部分的严密程度的不同而发生变化。但即便如此，销售员还是肩负起了开发客户、促进销售的使命。

既然这样，为什么还有那么多销售员在处理客户关系时显得那样的挣扎与低效呢？为什么一些公司需要客户关系管理这套工具去保证销售人员务必完成他们找寻客户、留住客户、维系客户的工作呢？

销售人员与销售经理会就开发客户这一问题提出很多培训的解决方法。目标设定的标准就是用来衡量某次销售活动的一个准绳。时间管控技能方面的培训是为了更好地进行组织方面的工作。更多的销售训练需要专注于价值风险方案、推荐的客户以及社交媒体的运用上。他们会对销售策略进行讨论，以分辨出哪些是优质客户，并想出如何接近这些客户的方法。上面所提到的这些训练内容其实都是不错的，但在现实的销售活动中却通常变成了短期的"销售冲刺与刺激"。很快，这样的训练就会被过去老套的行为习惯所取代，他们依然像之前那样坐在座位上，悠闲地浏览着与工作不相关的网页。

成功地找寻客户需要我们有过硬的销售技能、情商技能以及懂得如何向客户的杏仁核进行销售。诸如延迟满足、个人交际、现实测试与抗压力等软技能，通常都会在我们诊断找寻客户过程中会出现的问题时被忽略掉。当很多最具价值的风险评估计划与基本的销售技能运用到找寻客户中时，都无法触及客户的杏仁核。最后的销售结果是，找寻客户所进行的谈话始终都无法转变为实实在在的销售结果。

让我们认真研究高效地找寻客户背后所需要的软技巧、硬技巧以及神经科学方面的知识吧！

# 1. 你是那个立即伸手去拿棉花糖的销售员吗

1972年，斯坦福大学的心理学家沃尔特·米舍尔博士进行了一个被后人称为"棉花糖"的实验。他将一组四岁大的孩子集合起来，送给他们每个人一颗棉花糖。接着，米舍尔博士对孩子们说，他会在20分钟之后回来，如果孩子们在这段时间里不将手中的棉花糖吃掉的话，那么他将再给他们一颗棉花糖。

现在，假设你只有四岁，手里拿着一颗美味的棉花糖，你会怎么做？一些孩子很快就将手里的棉花糖吃掉了，而其他一些孩子则耐心地等待着米舍尔博士回来。

米舍尔博士没有就此终止这个实验，而是在接下来的十四年里继续研究这些孩子的情况。他的研究结果让人相当惊讶。那些当年耐心等待，没有立即吃掉棉花糖的人在美国高考的成绩要比那些立即吃掉棉花糖的孩子高出210分，而且这些孩子的社交能力也更强，在个人与专业方面都取得了更大的成就。这些孩子展现出了一种名叫"延迟满足"的情商技能。他们愿意在得到奖赏之前继续等待。那些立即吃掉棉花糖的孩子则体验了一种追求即时满足的心理，那就是"我想要吃，而且现在就要吃"。

那棉花糖的故事到底与开发客户与销售成功有什么关系呢？那些不懂得延迟满足的销售人员很容易产生沮丧心理。如果他们耗费一个小时给客户打电话、发邮件或是通过社交媒体进行交流却没有成效，他们就会选择放弃。如果他们在某次会议上见不到某位客户，那么他们就选择不参加这些会议。当他们的即时满足心理无法得到满足时，业务拓展的活动就陷入到一种停滞的状态。

　　根据美国销售执行协会的研究，绝大多数的销售员在四次尝试开发客户没有结果之后，都会选择放弃。同样的研究也表明，绝大多数的销售都是在5~12次左右的接触之后才能够达成。在很多情况下，销售员之所以无法达成预期的销售目标，只是因为他们过早地放弃了开发客户的努力。

　　即时满足心理所造成的另一个问题，就是让销售员缺乏充分的准备和详尽的分析，不懂得如何展开追求客户的策略。懂得延迟满足的销售员都会抽出足够多的时间去分析他们的业务，从而在正确的地方将时间投入到满足合适的客户上。那些不懂得制订销售计划的销售员通常都是非常忙碌的——但是他们却并不高效。这些低效的销售员总是忙于给客户拨打无约电话，向客户发送电子邮件，参加一些网络销售活动，希望能够运用社交媒体工具来主动开发客户。他们的工作日程安排得非常满，但是他们的销售渠道却依然不顺畅。

# 2. 忙碌？高效

与从事其他行业的人一样，销售员都希望自己能够取得成功。很多销售员可以说是在努力地竞争着"忙碌俱乐部"的主席。不知有多少销售员与同事比较各自工作日程的安排，然后吹嘘自己是多么的忙碌。但忙碌并不总是意味着高效。

忙碌所带来的兴奋感通常会让你看不清开发客户的努力所带来的真实结果。一些掌握延迟满足心理的销售员每个月或是每个季度都会抽出一些时间，评估一下哪些销售活动的效果最好。接着，他们就会按照逻辑去做：将更多的时间投入到这些活动上来。

现在，也许是与自己敞开心扉进行对话的时候了，你可以就开发客户的活动提出下面几个问题：

• 社交媒体对你真的有用吗？还是你只是希望借此避免与客户进行面对面的交谈？

• 你在LinkedIn[1]上所建立的关系，是否能够帮助你开发新的客户呢？

• 你在网上所从事的活动是否只是让你感到开心，却没有收获一个新客户呢？

• 你的客户是否只是在口头上说要给你推荐客户，还是与你在午餐时亲自会面呢？

---

[1]LinkedIn 创建于2002年，致力于向全球职场人士提供沟通平台，并协助他们维护和开发人脉。作为全球最大的职业社交网站，LinkedIn会员人数在世界范围内已超过3亿，每个《财富》世界500强公司均有高管加入。

- 你询问了多少推荐的客户，又得到了多少的反馈？

- 你的销售风险评估计划是让人眼前一亮，还是让人想一下子扔到废纸篓里？

- 你在脸书[1]上有很多朋友，却没有转化成一个客户吗？

- 你跟客户会面与成功销售的转化率有多高呢？

**情景分析**

我们需要帮助一个客户去完善管理制度，纠正他们企业内部失控的问题。当然，这家企业有一个自律性很强的销售团队，也有明确的销售指标与衡量标准。经过深入的分析之后，我们发现这些销售员的无约电话并没有产生什么积极的效果。这倒不是因为销售员缺乏销售技能，因为他们的团队已经做出了一个相当好的价值风险评估计划。经过更加深入的分析，我们发现他们最好的客户资源是已有客户所推荐的。之后，这个团队的销售员就制定了一系列策略，重视已有客户，让这些客户推荐更多的客户。最后的结果是，这个销售团队的成员在困难的经济环境下，依然完成了他们设定的销售目标。

将延迟满足的情商技能运用到销售的工作中去。抽出时间，认真分析一下业务拓展活动的进展情况。认真地想一下自己的工作是处于一种高效状态呢？还只是单纯地处于忙碌状态？

---

[1]脸书（Facebook）是创办于美国的一个社交网络服务网站，于2004年2月4日上线。主要创始人为美国人马克·扎克伯格、爱德华多·萨维林。Facebook是世界排名领先的照片分享站点。

# 3. 开发客户：在有鱼的地方钓鱼

习惯了即时满足心理的销售员很容易将时间浪费在那些永远都不会做出购买决定的客户身上。这是一个非常容易得出的结论。如果想要钓到更多的鱼，那么你就要到有鱼的地方去钓鱼。很多沉迷于即时满足心理的销售员都习惯了在没有鱼的"池塘"钓鱼。你可能有质量最好的钓竿、鱼饵与钓鱼装备，但如果你钓鱼的"池塘"里只有鲦鱼的话，那么你是绝对钓不到鳟鱼的。

当我们对客户进行利弊分析时，首先应该提出的一个问题是："我是否有必要参加这次会面？"如果你会见的客户并不符合你的理想要求，那么无论你有多么硬的销售技能，都是无法取得成功的。

对自身工作进行分析，需要你习惯了延迟满足的心理。因为你需要花时间去评估优质的客户，想出到底是什么因素让他们成为优质客户，接着按照这样的分析去评估日后的销售机会。

你能够描述出符合你心目中理想的客户吗？你享受与这些理想型客户打交道的过程，并且希望自己能够有二十多个像这样的客户。当你对这些优质客户进行评估时，需要考虑到两个方面的因素：一是人口统计学的因素，二是心理统计学的因素。

人口统计学的因素包括销售收入、员工数量、区位、标准工业分配代码以及企业的发展阶段。在这个分析过程中经常被忽略的另一个重要的因素就是心理统计学因素，这个因素包括客户的态度以及客户所持的价值观。

当我们帮助销售员分析他们的销售活动计划时，首先都会让他们描述一下最喜欢的客户类型。在这个回答中，90%受到他们喜欢的客户都具有以下的特点：

- 这些客户重视合作的专业度与是否为捷径。
- 这些客户重视他人的建议与外包的活动。
- 这些客户将供应商视为合作的伙伴，而不是单纯的卖家。
- 这些客户优待他们的员工。
- 这些客户一般都会参与慈善方面的活动。
- 这些客户总是积极找寻解决问题的方法。
- 这些客户注重合作的关系。
- 这些客户真诚地重视专业的技能。
- 这些客户希望看到双赢的结果。

记住，上面罗列的这些受欢迎的客户类型都是基于心理统计学得出来的，而不是按照人口统计学的方法得出来的。因此，我们在分析到哪里"钓鱼"这个问题时，应该将这两个因素包括在内。

与我们的客户一样，我们也需要注重开发客户与达成合作的工作。否则，就不会有客户找我们去进行培训。我们发现了两个有助于提升合作成功率的关键心理学因素。第一个因素就是我们的客户相信聘请专业人士提供建议的重要性，他们并不是那种"凡事都自己来解决"的人，第二个因素就是他们将教育与培训视为一种投资，而不是一种无用的花费。当我们找到了满足这两个条件的客户时，那达成合作的成功率就会提升30%，因为我们在"有鱼"的池塘里钓鱼。

我们曾与资本价值顾问这家投资银行进行过合作。当我们与他们进行这方面的培训时，他们也分享了一条总结出来的重要标准，那就是NJR

（No jerk rule 三个单词的缩写），翻译过来就是"没有蠢人的原则"。这家公司的高层与那些将他们视为合作伙伴而且重视他们自身专业价值的聪明人进行合作时，通常能取得更好的业绩，获得更好的结果。也许，这个标准也是很多销售员在日后找寻符合条件的客户时可以作为参考的。

认真审视自己的工作，分析一下你要钓的"鱼"到底在哪里。认真思考一下，你以及你的公司该怎样做才能够更好地赢得销售这场战役。分析的过程是需要时间的，所以你不可能立刻"喂饱"即时满足这一头"野兽"。思考一下那些立即伸手去拿棉花糖吃的四岁小孩子吧，千万不要做销售界里第一个伸手去拿棉花糖的人。

### ◆ 规划好工作，为你的工作去努力

销售员每周都会想着更加努力地找寻客户，但问题是他们的日程安排并没有反映出这样的本意。当我们对销售团队进行培训时，都会让他们说一下为找寻客户所安排的时间，通常得到的回答是："嗯，我没有时间去这样做，我的日程都安排满了。"换言之，他们根本就没有主动去找寻客户的计划。没过多久，一个月过去了，也许他们才会认真抽出几个小时去找寻客户，难怪他们的销售渠道面临着再次"干旱"的结果。

所以，在你们花钱去购买一些可能节省时间的工具或是参加时间管理培训班之前，最好先审视自己是否有尽力去节约时间：你是否有能力延迟即时满足，推迟去做一些能够立即给你带来愉悦与快乐的事情，而是认真地为工作进行规划与安排。当然，如果你不努力培养延迟满足的技能，那么即便你参加更多时间管理的课程也都是无济于事的。在你真正想让接下来的每一天或是每周

都可以高效地工作时，记得首先要规划好自己的工作。

规划你每周的工作，意味着你必须要放缓自己的脚步，抽出时间认真地思考。正如亨利·福特所说："思考也许是世界上最困难的一件事，这可能就是为什么只有一小部分人喜欢思考的缘故吧。"你必须要认识到一点，安排自己的工作计划可能是一件相对枯燥的事情，不像为客户提供服务或是参加会面那样让人肾上腺素飙升，但这却是极为重要的。规划工作意味着你需要掌握延迟满足的技能，因为销售渠道的畅通与持续良好的销售结果，并不会在今天或是接下来的一周内出现，而只可能在未来的工作中出现。

一旦你下定了要规划工作的决心，那么你就要在日程表上腾出充足的时间去主动开发客户，将这些时间视为宝贵的金子，因为这些时间的确是像金子那样宝贵的。

## ◆ 情绪管控与规划

成功的销售员很擅长管控自己的情绪。他们不会对正面或是负面的销售情景做出过度的反应，因为他们知道引发这些反应的触发点，于是有意识地选择自己该表现出怎样的形象。情绪管控对你找寻客户是非常重要的，这就是管控情绪的重要原因所在。

皮特参加了一个时间管控培训班，学会了要从日程表里抽出时间用于开发客户，于是他选择用打电话的方式去做。他这种全新的自律得到了回报，现在他通过电话与客户进行了很好的交流。于是，皮特建议他们有必要进行会面。这位客户说他下周有空，那时候皮特也是恰好有空。皮特对此感到非常兴奋（未能管控自己的情绪），于是提出了某个具体的时间，安排了会面。现在，他正沿着这条"游击式"的道路去开发客户，最后也只能等待周期性的销售结果。

优秀的销售员懂得如何控制自身情绪与日程安排。在这种情况下，他们会简单地回答说：

"某某先生，不好意思，那时候我刚好没空。不过我可以将工作时间稍微调整一下，我那天下午两点有空——那个时候行吗？"

运用延迟满足的技能，通过情绪管控去规划你的工作，然后为你的工作去努力。

### ◆ "路过式"关系

在当今科技日新月异的时代，到处都可以看到即时满足得到实现的例子。我们有了同日到达的快递、短信与"得来速"餐厅。很多事情都变得越来越缺乏互相之间的交流，人们都已经习惯了快速得到结果。销售行业存在的问题就是，作为销售员必须要与人打交道，而不是与事物打交道。我们在培训时经常向客户指出一点，那就是销售的过程可能是高效的，但人与人之间关系的建立却不是这样的。

销售员都习惯了通过推荐的客户来建立营销网络与关系。这是开发新客户与实现销售渠道畅通的两个重要策略。研究表明，一位销售员若是得到客户的推荐之后，最终达成销售的成功率要比单纯的会面增加50%。

坏消息是，因为很多销售员都没有能力建立这样的关系，所以这样的策略也无法得到很好的执行。

具有很强交际能力的销售员会非常重视客户的需求，愿意花时间去建立和维系与客户的关系。他们愿意付出自己的努力，从而与客户创造一种有意义的社交关系，因为这样的关系只能通过时间来建立，而不是靠一两次见面就能建立起来的（你真的以为某位客户在不了解与信任你的情况下，会主动向你推荐他们最好的客户吗？）。与推荐的客户建立关系的策略同样适用于与潜在客户建立关系上，无论是通过会面的方式还是通过网络销售的在线方式来完成。

具有很强交际能力的销售员会始终与客户保持着密切的关系，同时也扮演着纽带的角色。这些良好关系的缔造者每天都会给自己提出两个问题：

1.今天，谁才是我最该去联系的人，谁才能最好地帮助我拓展业务？

2.今天，我该怎样做才能帮助同事与客户拓展他们的业务呢？

当一家企业邀请我们去讨论推荐客户以及销售网络建设的培训时，我们提出的第一个问题是"你们能够教会销售团队如何更好地得到更多的推荐客户吗？"当然，要想取得销售的成功，基本的销售技能是必不可少的。但是，如果我们不同样重视销售软技能的话，那么这些基本销售技能的培训所起到的效果也将不会很明显。

在有关推荐客户的训练方面，我们提出的第一个技能就是"施与的目标"。这是与客户建立与保持关系的一个强大工具。"施与的目标"意味着你必须要为每周的销售活动设定一个衡量的标准，从而衡量自己到底帮助客户、同事或是推荐客户做了什么事。慷慨是那些具有很强交际能力的销售员身上所具有的一个共同特点，因为他们真的关心他们的客户与合作伙伴的情况。

实现"施与的目标"的方法可以是将你手上的一些客户介绍给潜在的客户。也可以是送去一份他们感兴趣的资料，从而帮助客户与合作伙伴更好地解决问题。当然，你也可以邀请他们参加会议，让其他的客户与合作伙伴进行会面。你还可以举行一次网络视频会议，或是将部分的客户数据发送给他们。你还可以组织一次会面，浏览一下你的客户名单，看看哪些客户是对对方有价值的。

在我们的办公室里，每周都会有五次这样的"施与行为"，我们会在客户与推荐客户的"关系账户"里每周存五次"钱"。我们知道这样做是非常管用的，因为我们的销售渠道始终处于顺畅的状态。

根据罗伯特·B·恰尔蒂尼博士在他的著作《劝说心理学》[1]里的研究，他探讨了影响力的六个原则，其中有一个原则就是互惠原则。他的研究表明一点，那就是当你施与某人一些东西时，那么他人就会觉得有义务对你给予回馈。那些践行"施与的目标"的销售员必然能够从想要回馈的客户与推荐客户那里得到奖赏。

典型例子：当你从一个非营利机构那里得到了免费且人性化的标签之后，你是否觉得应该为了留下这张标签而选择捐款呢？我就会这样做。这就是互惠原则在起作用。

你需要就下面几个问题进行认真的思考，看看自己是一个关系维系者、施予者还是关系缔造者。

• 你知道你的推荐合作伙伴或是客户的价值风险评估计划吗？（如果你不知道，那你怎么能够很好地进行推荐呢？）

• 你知道你的推荐合作伙伴或是客户今年的销售目标吗？（如果你不知道，又怎么能够更好地认准机会呢？）

• 你是否为推荐的行为设定一个目标呢？（你是一位施予者还是索取者？）

• 为了向其他的合作伙伴、客户或是潜在的客户推荐你的客户，你们一起吃了多少次午餐？还是你因为太忙而没有时间去这样做呢？

[1]哈帕商业出版公司，2006年修订版。

• 你代表你的合作伙伴与客户打了多少次的推荐电话呢？或是你只是通过网络的"懒惰"方式，简单地说"叫乔用我的名义去这样做！"

**情景分析**

我们的一个客户分享了一个关于建立稳固的推荐客户关系的有趣故事。

莱恩·科伊是一家办公用品公司的销售代表。对他来说，房地产经纪人是非常好的潜在推荐合作伙伴，因为这些地产经纪人能够给相同的潜在客户与目标客户打电话。这些经纪人通常会对自己的客户名单三缄其口，因为很多销售员通过网络联系的方式经常骚扰他们，希望得到他们客户的联系方式。我们将这些"网络骚扰者"视为那些与潜在客户喝过一杯咖啡的销售员，他们希望能够通过这样的方式去与潜在的推荐客户形成一种合作的关系，但是他们不明白，为什么这些潜在的推荐客户没有将他们最好的客户介绍给他们。

莱恩运用了延迟满足与人际交往能力这两种情商技能，让自己与这位地产经纪人形成了合作关系。一年下来，他们多次一起吃午餐，无论是从个人生活还是专业工作方面都有了一定的了解。莱恩向这位地产经纪人推荐了自己的一些客户，为这位地产经纪人带来了收益。在这段关系持续到九个月的时候，莱恩的个人交际能力得到了回报。这位地产经纪人觉得自己可以信任莱恩，就想回报莱恩之前的帮助，于是向他推荐了许多优质客户，从而帮助莱恩促成了销售的成功。

培养与提升你的个人交际能力，你就能提升与客户的关系，得到更多的推荐客户，也能享受到重复销售成功所带来的喜悦。

# 4. 现实与期望，拿把尺子量一量

让我们回到销售等式的另一端，谈论一下那些总是做正确事情的勤奋销售员。这些销售员会将工作的日程安排得满满的，始终如一地开发着客户，将自己看成是客户与同事的优秀合作伙伴。他的销售渠道始终是顺畅的，但是他的销售目标却始终未能达成。他之所以无法达成销售目标是因为他未能将销售的软技能与硬技能结合起来。

看看下面这个情景。吉尔是一位自律的销售员。他始终如一开发客户的努力得到了回报，终于与一位客户形成了联系。在他们会面谈话时，这位客户讲述了他所面临的困境，他对吉尔说："我们现在得到的顾客服务真是太糟糕了，我们觉得现在是更换其他供应商的时候了。"此时，吉尔未能控制住自己的情绪，让情绪一下子控制住了自己，变得兴奋起来。他说："这就是应该更换供应商的一个强烈信号啊！"结果，他在这个销售会面过程中表现得很草率，并想在客户真正改变主意之前再与他进行一次会面。

吉尔希望将这位客户置于自己的销售渠道之上，达成销售的合作协议。在经过一个小时的会面之后，这位客户觉得，为了公平起见，还是再给现在的供应商一次机会，毕竟他们已经合作了十年时间。吉尔其实只是在浪费时间，因为他只是面对着一位"自己猜想的客户"而不是真正意义上的"潜在客户"。那到底问题出现在哪里呢？

## ◆ 希望与现实的对比

　　吉尔要想取得更好的销售成绩，就需要提升自己的销售技能，不断地培养现实检查的这种情商技能。简单地说，现实检查能力就是一种让我们客观看待事物，而不是根据主观臆断去思考的一种能力。

　　我们经常会与参加咨询的客户讨论现实检查能力这种技能，因为当一位客户分享了自己面对的挑战或是表现出合作的兴趣时，销售员往往会兴奋起来。此时，记住一点是非常重要的，那就是一位感兴趣的客户也只是处于感兴趣的状态而已——这并不意味着客户就能符合你的标准。

　　具有很强现实检查能力的销售员都会提出客观存在的棘手问题。他们知道一厢情愿并不是一种高效的销售技能。如果一位客户与另外一名供应商合作了十年时间，那么你必须要在你们的谈话中强调一点，那就是客户目前所面临的痛苦与挑战强大到足以让他去中断这样的合作关系。比方说：

　　"某某先生，我能够理解你对某某公司的不满。但是，你们合作的时间已经超过了十年，你们的合作关系显然是非常重要的。你所面临的问题严重到足以让你更换供应商吗？还是你只是需要与某某公司再进行一次会谈呢？"

　　此时，你可能会觉得不可理解，为什么销售员要给客户这样一个"回心转意的出口"，给客户一个对你说"不"的理由呢？这个销售员到底在想些什么呢？其实，这位销售员这样做是重视自己时间的表现，因为他在对当前的形势进行着认真的评估。他的这种销售话语是符合常识且诚实的。你是否愿意立刻更换你的手机、保险或是理财服务的供应商？我就不大愿意。更换一个长期合作的供应商是一件让人感到很烦恼的事情，很多人都会拖延做出这种改变的时间。你面对的客户也是一样。所以，销售员就有责任去管控自身的情绪，对现实进行一番评估，看看客户到底是在抱怨还是真的下定决心要更换供应商。

优秀的销售员不会活在自己一厢情愿的想法或是自我否定的世界里。他们都会对潜在的机会进行评估，然后决定是否与潜在的客户进行会面，而放弃与那些自认为合格的客户见面。

# 5. 你是否感到压力巨大

　　每一个销售员都必然体验过努力开发客户却一无所获的"干涸期"。当你会见的每一位客户都对你说"我对当下的供应商很满意"、"我们没有钱"、"我刚就职没多久，你能六个月之后再给我打来吗？"时，你肯定感觉很不好。持续地出现这种毫无结果的情况会让销售员感到压力重重，消极负面的自我言语就会进入到你的脑海："没人要跟我买东西，我肯定是失去了销售的能力"或是"我希望我销售的产品有更好的质量（抱怨自己的公司总是他们最好的解脱方法）"。

　　其实，压力是由我们对一件事情的看法所造成的，与这件事情本身关系不大。当全球经济在2008年经济危机进入谷底时，很多有强抗压力的销售员就会说："这是好事啊！这么严峻的经济形势可以淘汰一批不合格的竞争对手。"他们对事情的看法是正面积极的，而不是消极负面的。

　　长期的压力会在身体产生皮质醇，这是一种压力激素，会让人感到疲倦，损害人的创造力。那些压力过大的销售员会失去开发客户的决心，也缺乏足够的能力去研究全新的销售方式。所以，他们的销售活动会减少，销售结果自然也不会很好。

### ◆ "不要担心，快乐一点"

　　具有很强抗压力情商技能的销售员在面对逆境时，能够做到面不改色，始终保持良好的身心状态。在遭遇了挫折与失望的困扰之后，他们能很快就恢复到正常的状态。这些销售员一般都具有乐观主义精神，相信自己明天或是下周就能够获得更好的销售结果。

当我们与这些优秀的销售员进行合作的时候，发现他们几乎都会用一种不同的视角去看待生活，正是这样的视角让他们能够对未来的销售结果充满信心，即便是在艰难的经济形势下，他们依然保持这种可贵的信心。本杰明·富兰克林曾说："虽然我们无法控制身边发生的所有事情，但是我们却有能力控制自己对此做出的反应。"从富兰克林的这句话，我们可以看出他也是一位具有很高情商的人。

我们在观察那些抗压力强，并能长期取得销售成功的销售员时，发现他们有下面三个思维过程。

**1.在面对逆境时，乐观的销售员会问："这种逆境到底会带来什么好处呢？我能够从中得到什么教训与启迪呢？我该以怎样的状态去迎接接下来更大的机遇呢？"**优秀的销售员知道逆境可以磨炼人的品格。在逆境中所学到的教训与知识能够帮助他们在未来取得更大的成功。这些销售员知道，当形势变得困难，大多数销售员都希望逃避到一片绿油油的牧场的时候，优秀的销售员不会去找寻绿油油的牧场，而是去为自己创造出一片绿油油的牧场。

**2.乐观的销售员明智地选择朋友。**吉姆·罗翰，这位已故的企业家、作家与励志演说家曾说："在你五个最常交往的朋友当中，你的水平只有他们五人的平均水平而已。"这句话并不是励志性的言辞。心理学家都知道，人的情感是会传染的，这在临床医学上的术语是"情感传染"或是"情绪传送"。研究表明，人们很容易像他们交往时间最长的朋友那样做出行为与反应的动作。看看我们身边的人吧，你是经常与那些悲观者交往，还是与乐观者交往呢？你是经常与那些喜欢找借口的人交往还是与那些实干创造未来的人交往呢？老妈说得对，跟我说说你的朋友都有谁，我就知道你会变成怎样的人。

**3.优秀的销售员懂得利用幽默去缓解压力与紧张的情形。**在我刚进入销售培训行业时，每天至少都要打二十五个无约电话。有时，遇到没人接或是坦率回答说不需要的电话时，你肯定会觉得无比沉闷无聊。我试着通过在电话中加入幽默的话语。"嗨，我是科林·斯坦利，这是一个无约电话，你可能会想挂掉这个电话。"电话那头的反应几乎都是一阵哈哈大笑，然后允许我讲述我的价值风险评估报告。即便在对方否定了我的要求之后，我仍是希望对方给我推荐一些客户。在一次无约电话中，对方说："我为什么要为你推荐客户呢？我甚至都不认识你。"我回答说："我知道你不会那样做，但如果你那样做的话，你肯定会喜欢我的。"对方与我都在电话里哈哈大笑起来。最后，他还是没有向我推荐客户，但幽默的交流却能够大大地缓解无约电话所带来的压力与窘迫感。

开发客户是销售工作中的一部分，但这个过程并不一定就是充满压力的。改变你对开发客户的观念，那么你将得到不同的结果。

# 6. 如何运用神经科学去开发客户

大多数的销售培训在指导销售员提升开发客户时，都根本没有谈到如何针对性地影响客户的杏仁核所做出的反应。因此，很多勤奋的销售员会为他们开发客户的努力没有得到回报而感到沮丧。

开发客户过程中一个关键的销售工具，就是将价值主张传递给客户。无论你是通过网络、电子邮件、无约电话或是营销传单等方式去开发客户，价值主张都是销售会面的"启动器"。

在向客户的杏仁核施加销售影响时，最大的一个问题往往发生在如何提出价值主张上。典型的价值主张是符合逻辑性的，并且专注于卖家的收益，而不负责解决买家所面临的挑战。销售员可能会说："我们公司已经创立了五十年，向客户提供优质的服务，有专业的人员可以随时为你解忧。"这样的销售话语不仅会让客户感到厌烦，而且这样的接触方式也是缺乏情感的。客户会因为自己的感受而选择是否购买，而不是凭借着逻辑去这样做。因为人的杏仁核是大脑的情感中枢。

优秀的价值主张需要创造出一种"言语图画"，从而对客户的杏仁核产生影响与说服的作用，因为人的杏仁核是无法与无形的信息产生情感的联系的，而是需要实质性的灌输才行。人的杏仁核同样喜欢接收视觉化的信息。神经学家们的研究表明，杏仁核接收图像的速度要比其他刺激所带来的信息都更加快，这也是价值主张需要为客户描绘一幅"言语图画"，从而帮助潜在的客户解决他们面临的问题的必要性。

比方说，一个价值主张的陈述是这样的："我们可以缩短生产的工期，从而提升产品的出货效率。"这样的话就是在使用着空洞的语言，无法就客户面临的问题描绘出一幅鲜活的画面。

"有形的语言"则能够通过言语来创造出一幅画面，让客户能够以视觉化的方式去看待你可以帮他解决的问题。比方说，"我们与一些生产线瘫痪的公司合作过，结果这间公司的很多员工就每天站在那里，什么都没做，最后还是拿了薪水。"你看到了这两种陈述的区别之处吗？哪一种陈述更能触动你的情感反应呢？

要想真正地触动客户的神经，就意味着你需要使用客户在日常生活中所用的语言。我们大脑里的杏仁核都喜欢熟悉的东西，而空洞无形的语言对它们来说是不熟悉的。一个价值主张表达的方式必须要与客户的思维方式以及说话方式相一致。我们称之为"俗人的语言"。你们有多少人回到家之后会说这是高效、成果丰硕的一天呢？不，你们回到之后会说："我今天完成了很多事情。"在表达价值主张时要使用日常的通俗语言，以便更好地与客户进行互动，触动他们的神经。

让我们看看下面两种用有形语言与无形语言表达出来的价值主张。

无形的语言：我们可以提供超优质的客户服务。

有形的语言：我们会与那些厌倦了将时间浪费在处理垃圾邮件，没有机会与活生生的人进行交流的客户进行合作。（你能想象到一个人倍感无奈的画面吗？）

无形的语言：我们可以帮助你的公司赢得更多的业务。

有形的语言：我们会与那些厌倦了耗费数小时准备价值主张，最后却因为价格问题失去业务的公司进行合作（你可以想象到一位销售员坐在办公椅上，深夜孤身奋战去写价值主张报告的画面吗？）。

无形的语言：我们能为客户提供一站式的服务。

有形的语言：我们会与很多厌倦了整天处理诸多卖家关系与成堆发票的公司进行合作。因为当客户的服务需求出现后，会计部分要花很多时间去处理到底该给谁打电话（你可以想象到一个人对着一堆发票或是一个电话单的画面吗？）。

"一幅画胜过千言万语"就表达了这样的意思。当你在研究如何表达价值主张时，最好练习使用具有画面性的语言。当你的话语能够触发客户的神经，让他看到你所能给他提供的解决之道，那么客户就更有可能与你展开真正意义上的销售对话。

# 7. 提高你开发客户的能力

持续高效地开发客户是完成预期销售目标的关键所在。在很多优秀的专业销售人员身上，我们都可以看到这是非常行之有效的做法。他们不会等待着销售经理给他们"分配任务"，因为他们知道拓展业务本身就是他们工作的内容之一。下面几个方法可以提升你们在这个重要销售阶段的表现。

1.下定决心。

2.向自己提出棘手的问题。

3.为成功做规划。

4.管控自身情绪。

5.找一个问责的伙伴或是导师。

## ◆ 第一步：下定决心

这一步几乎是整本书贯穿的一个主题。无论你是否决定从事销售行业，都需要下定决心，认清楚一点，你是真的喜欢这份工作，还只是部分喜欢而已。我们在本章里谈到了现实检查这个问题，所以，我们就该对自己的选择进行一番现实检查。所有人在面对自己的工作时肯定有会不喜欢的地方。你能想象到一个医生说，我不喜欢与保险公司打交道，所以我只是需要治好病人，忽视所有的程序性文件？或是一位会计说他不喜欢报税季节的繁忙工作，于是他就选择在每年这个繁忙的时候早早回家？你肯定会说这样的想法是荒谬的，因为这正是他们得到报酬的原因所在。优秀的销售员之所以得到丰厚的回报，就是因为他们不断地开发客户。所以，要是他们不这样做又能得到丰厚回报的话，那这就是荒谬的。

## ◆ 第二步：向自己提出棘手的问题

你是那位不愿意在日常的销售活动中付出努力，却想着立即将手里的棉花糖吃掉，得到即时满足的人吗？你是否抽出时间去与客户达成关系，或是试图通过走捷径的方式去完成建立关系的事情呢？当逆境来临时，你会持怎样的态度，你会对自己灌输怎样的话语呢？你的言行举止像是一位胜利者还是抱怨者呢？向自己提出棘手的问题，需要你拥有情感上的自我察觉能力，只有这样你才能诚实地回答这些问题。为自己腾出一些休息时间，想想该在哪些方面去改变自己的态度与行为。

接下来，你应该提出为什么要这样做以及做什么等问题。

1.你为什么想要赚更多的钱？

2.为了实现你的收入目标，你愿意付出什么样的努力？

认真诚实地回答这两个问题，需要你拥有现实检查的情商能力与情感自我察觉能力。证明你愿意开发客户、接受技能培训以及与客户建立关系的客观证据在哪里？你有没有抽出时间去认真思考这两个问题呢？

用现实检查的方法去分析，看看你是否正在做一些提升销售技能与销售结果的事情吧。

• 你平均一个月有没有阅读或是聆听两本关于商业或是销售方面的书籍呢（还是你一回到家，就马上看真人秀的节目呢？）？

• 你有没有向导师、老板与同事寻求建议呢？（还是你一直找这样的借口："成功人士都没有时间跟我会面"？）

• 你每周有没有抽出两个小时用于训练销售与增强影响力的锻炼呢？（还是你总是参加一些没有结果的销售会议，最终只是得到客户"我们会认真考虑的"或是"你们的价格太高"的敷衍回答呢？）

• 你是否每天、每周、每月与每年都写下你的具体行动计划与截止时间呢？（还是你只是像所有平庸的销售员那样说"这些计划与时间都在我的脑海里"呢？）

• 你每天是否有至少参加两个教育性的培训班，从而提升个人的修养与专业技能呢？（还是你始终在等待着某些人过来投资你呢？）

• 你是否增加销售活动，从而弥补过长的购买周期呢？（还是你只是等待着客户自动找上门呢？）

我的销售培训同事大卫·蒂尔与他那位无力拓展业务计划的客户分享了这段话："我正在认真聆听着你说的话，我正在看着你所做的事情。我所你说的话与我看你做的并不一致。"大卫通过指出客户的言行不一，从而给他灌输现实检查的能力的重要性。

## ◆ 第三步：为成功做规划

运用延迟满足的技能，制定好一个业务拓展的计划。这个计划的关键组成部分就是要为每一次行动都定下一个可量化的标准。数字是不会骗人的，要是你没有一个可量化的标准，那么你就很难说自己是计划超前完成了，还是尚未完成计划。可量化的标准能够让你更好地评估所处的状况，让你不要将个人一厢情愿的想法视为一种策略。

很多的销售员与销售团队都没有一个可量化的业务拓展计划。当我们询问一些客户的客户开发计划时，我们经常听到这样模糊的回答，例如"我们在LinkedIn网站上有网页广告，举办了一些贸易展会以及打了一些无约电话等。"他们说的"一些"并不是一个具体的数字，所以我们也不知道他们到底是一个月才做了一次这样的销售活动，还是做了十次。

比方说，一个具体的业务拓展计划应该是下面这样子的：

• 每周要有125次接触客户的行为——这包括无约电话、问候电话以及发送电子邮件等方式。

• 与你认为最有可能达成合作的前十位客户进行会面，可以发送一些文件进行交流，邀请他参加一次网络会议，发送一本电子书或是打一个介绍的电话。

• 每月参加6次网络会议。

• 每月要与两位潜在的推荐客户进行会面，讨论双方共同的业务机会。

• 与1位关联的客户保持联系，而不是试图向他销售什么。

• 每周写两篇博文。

• 每周抽出两小时在LinkedIn网站上拓展与客户的关系网。

• 每月写1篇文章。

• 制定1个"施与的目标"——每周帮助同事或是客户的次数不少于5次，为他们拓展业务出点力。

优秀的销售员通常每月都会用5~6种不同的方式去创造销售的机会。他们知道在这个月，某一项业务拓展活动必定能够得到销售的结果。因为他们制定了多样化的开发客户计划，这就像一个合理的金融投资组合，必然能够得到好的回报。

在此，还需要明白另一点，始终如一地开发客户，这完全是在你的掌握之中。经济不景气、外部的竞争或是政党的分歧所引起的不良后果，都无法阻止你给客户打电话或是与他们保持联系。

◆ **第四步：管控自身情绪**

我们经常可以听到很多销售员说："我今天不是很想去开发客户。我的状态不是很好。"（让我们希望你最大的竞争对手今天状态也不是很好吧。）

优秀的销售员也并不总是喜欢开发客户的工作，但他们与平庸的销售员之间的区别就是，不管他们的感觉如何，他们都依然会这样做，因为他们不能放纵情绪去毁掉自己的生活。

优秀的销售员通过管控自我对话来控制自身的情绪。自我对话就是你对自己所说的话，你与自己说的话可以是正面积极的，也可以是消极负面的。无数个实验可以证明，你所想以及对自己所说的话都会影响到你的行为。在开发客户这个问题上，消极的自我对话是这样子的："在这么糟糕的经济形势下，根本没人会愿意去购买东西。我肯定会像那位粗鲁的看门人那样牢牢地呆在他们所处的位置，客户已经有了固定的买家，他们的决策者也是非常强硬的，根本没有人回复我的电话与邮件。"你们猜怎么着，你想的没错。因为无论你对自己说什么话，时间一长都会变成事实。这就是所谓自我实现的预言。

积极正面的自我对话是这样的：

• "成功的销售员会去做失败的销售员不愿意做的事情。他们会制定好计划，按照计划去开发客户，接着开发更多的客户。"

• "并不一定是那些跑得最快的人就是比赛的最后胜利者。"

- "将前期工作做好，这样你就能更加愉快地工作。"
- "我愿意努力工作，去赢得属于我的奖赏。"
- "客户们都愿意聆听我所说的话，因为我能够为他们赚到钱，让他们的生活变得更加轻松。"
- "与我交谈的人都是友好的，也是愿意进行对话的。"
- "我总是觉得客户时刻准备着购买产品与投资金钱。"

你必须要在消极负面与积极正面的自我对话中进行选择。显然，成功的销售员会选择积极正面的对话。

## ◆ 第五步：找一个问责的伙伴或是导师

《减肥者》这个电视节目成为全美最受欢迎的减肥类节目是有原因的。参与者每周都会测量体重，看看他们减肥的进展，让每一位参赛者都能够为自己负责。同理，你们每周也要找某人帮助你们去量化销售活动与销售结果，不能找任何推诿的借口。

在我刚踏入销售培训行业的时候，一位比我入行早一年的同事将他第一年的活动计划以及结果发送给我。他的这份计划就钉在我的办公室墙壁上，我每天都可以看到。当我觉得某天不想工作的时候，我都会提醒自己，如果鲍勃能够做到，我也能够做到。

既然这样，那你还在等什么呢？外面还有客户等待着你去提供服务呢。今天就是让他们知道你与你的公司可以提供优质服务的一天！正如之前的一位导师对我说："你在开发客户过程中唯一可能的失败，就是你根本没有开发客户。"

# 第四章：

## 好感度：在同等条件下，如何让客户要你的东西

干销售，你还在继续"舌战群儒"般的喋喋不休吗？这样的销售方法得到了多大的利益回报呢？现在，你需要停下来审视自己，端正自己对销售工作的态度，明确达成销售结果的重要性，提升好感度，让你的客户喜欢你！

沟通专家都会强调一点，想要与人建立好关系，建立与人的互信是极为重要的。销售经理、销售人员与销售培训师都赞同信任在赢得销售与维系客户方面的重要性。但也有一些基本的事实，那就是任何一位客户都不可能在单次会面之后就会选择信任你——他们也不该这样做。因为你还没有展现出强有力的执行能力、坚持到底的精神或是成功的结果去赢得客户的信任与忠诚。如果客户不喜欢你（除非你很幸运，成为这场游戏唯一的玩家），否则他们是不会与你进行商业来往的。

当我们与一家大型承包商进行会面时，才感觉到客户好感度所具有的力量在销售行业里是多么的重要。这个承包商的执行团队感到很沮丧，因为他们刚刚失去了高达一亿美金的项目合同，而他们一直认为比他们差很多的竞争对手却成功获得了这份合同。当我们询问他们失去合同的原因时，我们对他们的回答"都是情感的化学反应吧"都感到十分惊讶。我们原本以为他们会说"价格"、"我们的投资组合并没有按照计划完全做到垂直化"或是"项目管理团队的专业技能"等方面的原因。你可以想象到，这家企业因为"情感的化学反应"等看似柔软琐碎的东西失去了这样一个大单后所感到的失望。当然，我们在这里并不是谈论托马斯·爱迪生式的"化学反应"，而是指客户在甄选销售对象时所表现出来的好感程度。简单地说，这家公司之所以失去这个合同，是因为他们的竞争对手给客户留下更加强烈的好感。

有一个类似的故事，但却有着更为圆满的结局。这个故事是一位经营营销企业的客户对我们说的。她知道跟她一起竞争这个大单的还有其他强劲的竞争对手，但她最后却成功了。她后来询问客户为什么会选中她的公司。客户回答说："只是你们给我们的感觉更好一些而已。"嗯嗯……难道这位新客户说的是她办公室的沙发坐起来比较舒服吗？不是的，他说的"感觉更好一些"是指情感的化学反应与给客户制造好感度的软技能。

到底是哪些品质让一个销售员比其他销售员更能够赢得客户的好感呢？这种给他人留下好感的能力是否可以教导给他人呢？有人说，你别忽悠了，如果你能够提供比竞争对手更好的产品与服务，难道客户会按照个人的喜好程度而不是产品的优质程度去做出决定吗？

许多研究都表明，讨人喜欢的销售员相比于那些在这方面做得比较差的销售员，更容易得到雇佣、擢升与赢得销售的机会。很多销售组织之所以会赢得应有的销售份额，就是因为他们忘记了将赢得客户的好感度纳入全盘的业务策略当中。

很多公司每年投入大笔金钱用于营销与业务运作，不断更新他们的公司网站，印刷专业的营销资料，每天定期更新相关产品的信息。他们的运转是高效的，使用最快的快递，办公用品也是最先进的，甚至已经实现了云端办公的工作方式。

但是，这些销售组织却忽视了对销售系统或是销售训练的重视，不注重培养销售员赢得客户好感的能力。一句著名的销售箴言是这样说的："在同等条件下，客户会从他们喜欢的人那里买东西。"

在条件并不同等的情况下，客户依然会选择从他们喜欢的人那里买东西。

我们见过太多这样的销售情形了。销售员循规蹈矩地开发客户，最后与客户达成了会面的共识。此时，销售员拿着公司的营销资料，相信自己的公司有足够的能力为客户提供解决问题的最佳方案。他能够提供最佳的产品与服务，但因为他缺乏阅读客户心理的能力，而且还要与其他的对手进行竞争，所以他失去了成为一名讨人喜欢的竞争对手的机会。

销售员不知道该如何去调整自己的说话方式，从而符合客户的需求。他的接触方式似乎太过古板了，在客户提出一个棘手的问题之后，都没有感觉到会议室里气氛的变化，不会适时地进行转变——他可能会对客户的问题唯唯诺诺，但这不是正确的回答。

可能的情况是，你之前接受的教育都是集中在阅读信息，而不是阅读人们心理变化上的。你是否参加过提升受人喜欢指数的培训？你是否接受过如何留意与适应他人思想与感觉方面的训练？在很多情况下，真正帮你赢得客户的是诸如自我尊重、同理心、建立与维系良好人际关系以及自我实现等情商技能。这些技能可以帮助专业的销售人士变得更加讨人喜欢。在这个竞争激烈的销售环境下，讨人喜欢的因素可能是赢下客户的关键因素。销售软技能可以帮助你不会输给被称为"情感化学反应"的疯狂东西。关于"情感的化学反应"，我们也将在本章里继续进行探讨。

# 1.你会向自己购买产品吗

增强受欢迎程度的第一步就是问自己一个基本的问题：你喜欢自己吗？不要对此感到慌张。本章并不是要讨论心理治疗的话题。但是，认清人生这个基本的原则却是非常重要的，即你不能给予一些你没有的东西。如果你为人不够自信，对自己感到不满——缺乏自我尊重的品质——那么你就很难让其他人对你产生自信，也很难让他人对你感到满意。

增强受欢迎的第一步就是要接受自己，接受你的优点与缺点。那些具有很高自我尊重情感技能的销售员都是毫无保留地喜欢自己的，他们显得非常自信，相信自己的能力。他们在自己犯错的时候，会坦诚这些错误，承认他们不知道解决的方法。在自信与谦卑之间达到一种平衡，让他们显得很真诚与真实，自然也就受人欢迎了。

### 自信、真实与喜欢程度

几年前参加的一次销售培训会议，让我体验到了自信加上真实所带来的巨大力量。当时，一位演说者是某家企业负责销售的副总裁，管理着整个公司的销售体系。所以，对他这样身经百战的人来说，走上演讲台，吹嘘自己的成功也是很容易的，因为其他看上去没他这么自信的人也是这样做的。

但是，他在演说开始的时候，就分享了一个故事，讲述他最近搞砸了一次电话销售。这个故事讲的是他赴约时走错了路，迟到了，忘记了拿名片，还有自己不小心将一杯水倒在了一位重要的高管身上，因为他当时手忙脚乱。他将自己的失误一五一十地讲了出来，我们在台下哈哈大笑。正是他对自己高度的自信才让他敢于承认错误，并分享了这样一次不大完美的销售会面。他的谦卑与幽默让他受到了听众们的喜爱，因为他是一个自信、真实的人。

真实被视为影响与说服他人的一种关键品质。但很多销售员似乎都缺乏足够的能力将这种品质运用到日常的销售工作中去。通过我们数年来对数百场销售角色扮演与真实的销售会面的体会，我们看到了很多原本坦诚真实的人变成了不诚恳的销售员。在销售会面上，他们华而不实的另一个自我展现了出来，他们希望能够管控自己给客户留下的印象，试图向客户展示出自己是一个聪明人。他们会滔滔不绝地谈论有关产品的知识，或是用PPT去演示产品的质量与使用流程，不断地赞美自家公司的优秀之处。或者，他们变成了销售"机器人"，运用所有人都熟知的销售技能，说："鲍勃，感谢你的分享。既然这样，我觉得你也将会同意我们公司能够为你提供最好的服务，解决你的需求。"有哪个人会在日常生活中说这样的话呢？

记住这条基本的法则：如果客户觉得你为人不真实，那么他也不会觉得你提供的产品或服务是真实的。在这个世界上，没有哪位客户会将时间与金钱投入到虚假的产品、服务或是人身上。

"你该怎样去训练一个人并使之变得更加真实与受人喜爱呢？这是能够通过训练来完成的吗？"我们曾向沟通专家与顶尖的销售导师迈克尔·阿罗索提出这个问题。迈克尔分享了他认为真实之人身上的两个特点：自信与准备。"自信源于你知道自己已经准备好了。当你准备好了，你就能放松心态，做好你自己。"

他的这段话是非常有道理的。当我们与顶尖的销售员进行合作的时候，他们的确会事先做好充分的准备。他们会运用延迟满足的情商技能，愿意抽出时间去做一些拜访前的准备，这就让他们能够以更加自信与从容的心态去参加会面。他们会将自己在会面时想要提出的问题罗列出来，就客户可能提出的反对或是疑问准备好恰当的回答。他们会经常上网站搜索相关的产品信息，到LinkedIn网站上联系客户，发出新闻稿与企业报告等。他们熟记自己要说的价值主张，这样在与客户谈话的过程中就会显得更加轻松从容，因为他们已经投入足够多的时间去实现"10000个小时"的销售大师目标了。

所以说，优秀的销售员是需要事先做好充分准备的。当你准备好了，那么你就能在销售会议上展现出真实的自己。

**情景分析**

卡罗尔是一位成功的销售员，她有着很强的自尊心，非常享受自己的工作，但从不将自己看得太过重要。在一次销售培训的会议上，她分享了下面这样一个故事。

卡罗尔与客户会面的时候，支支吾吾地回答了几个问题。她在演说中承认，这次销售会议之所以成效不佳，是因为她事先没有做好一些必要的准备（记住，她没有因为这样的结果而责备其他人，而是选择责备自己。）。

回到办公室之后，她立即给客户打电话，向他就这次会议的糟糕情况进行了道歉。她用幽默的话语，说自己糟糕的销售技能与缺乏准备是她两个"邪恶"的双胞胎姐妹。客户为她的真诚与愿意为这次糟糕的销售会面负责所感动。于是，他提出了第二次会面的建议——最后，卡罗尔成功地与客户达成了销售合作。

在这个故事里，有两种情商技能起到了作用。第一种情商技能是，卡罗尔的情感自我察觉能力让她清楚地看到，造成这次会面出现糟糕结果的根源是她缺乏准备，而缺乏准备是因为之前的几次成功销售让她变得有点自大。第二种情商技能就是，强大的自尊心让她愿意去接受糟糕的结果，没有沉湎于这样的错误之中，而是恳求客户的原谅，希望得到第二次机会。卡罗尔的自信、真实与谦卑让她成为了受客户喜欢的销售员。

# 2. 一切都是关乎他们：展望销售结果与客户

### 同理心：站在客户的角度思考

讨人喜欢的销售员也必然具备很强同理心的情商技能。同理心是一种感知、理解与欣赏他人情感与思想的能力。这种能力可以帮助我们站在别人的视角去看待这个世界。我们通常会将这种能力说成是"试想穿上别人的鞋子走上一里路"。对优秀的销售员来说，在销售会面上展现出足够的同理心，是因为他们有聆听的能力，这可以帮助他们与客户建立起亲密的关系，受到客户与顾客的喜爱。

我们在销售过程中遇到的一个问题是，很多销售员在进入到专业销售这个行业时，却将这样一种重要的销售技能落在家里了。

我们经常可以看到这样一幕经典的场景。客户说出了自己面对的困难，比方说"我对现在的供应商一再拖延交货日期真的感到非常不满。"此时，若是销售员只专注于自身的需求，就很难对客户面临的不满有真切的体会，于是匆忙地回答说："这没事啊！有什么是我们可以帮助的吗？（说的好像客户面对的这个问题并不严重。）"

或是，销售员在没有对客户面临的问题及其后果有充分了解的情况下，就立即提出了解决的方案。他的回答既缺乏同理心，又无法在会面上赢得客户对自己的好感。

具有同理心的销售员会将自己置身于客户的位置，不急于立即去表达自己的观点，而是证实与了解存在的问题。

"我无法想象你在面临这个问题时会感到多么沮丧。我想你肯定收到许多顾客抱怨的电话吧，这肯定让你的日子不好过。"

具有同理心的销售员会让客户知道，自己了解他面对的处境。接着，销售员才会从容地提出解决方案，同时认真聆听客户的需求并加以证实。

《高效人士的七个习惯》[1]的作者斯蒂芬·柯维曾说："绝大多数人聆听时都不是带着理解的本意，他们聆听的目的就是想着如何进行回答。"

具有同理心的销售员会在销售会面上按照客户或是顾客的需求调整策略。此时，他们不会去思考之前的事情或是接下来的会面情况。因此，他们能保持专注的态度，因为他们知道只有这样才能够让会议室里充满活力，不管是说出来的话语还是无声的肢体语言都是可以透露出来这种活力的。

### 情景分析

在本书的介绍里面，我提到了我的同事马蒂·拉森是一家商业咨询公司的副总裁，他与合作伙伴斯科特·哈尔福德以及很多管理人员在情商研究领域付出了大量的心血。

马蒂讲述了自己参加一次销售会面的故事，他原本是想与一位大客户讨论未来合作的事宜。因为马蒂是情商训练方面的老师，所以他立即注意到客户出现注意力不集中的情况，根本没有准备好进入商业会议的状态。他没有在此情况下催促客户，以求赢得更多的利益，而是合上笔记本，说："吉姆，我觉得我们关于未来培训的事情不是你今天优先考虑的事情。还有其他的一些事情是我能够帮你的吗？"

马蒂准确地阅读了吉姆的内心想法，吉姆说出了自己在家庭生活中所遇到的问题。此时，马蒂发挥了他的同理心，让他成为了一个受人喜爱的人。他为

[1]自由出版公司，1990年出版。

吉姆提供了一些见解，提供了一些可以帮助吉姆解决今天最紧迫问题的资源。当天，他们没有签下合作协议，但是他们的个人关系却变得更加牢固，吉姆也成为马蒂这家公司的忠实"粉丝"。

### ◆ 感受客户平常的一天

你真的知道你的客户平常的生活是怎样的吗？如果你不知道的话，那你又怎能与他们进行深层次的交流呢？那你又怎能真切地理解他们所面临的挑战与期望呢？

想一下自己的个人生活，你喜欢什么样的人，喜欢与谁交往。全职母亲都喜欢与其他全职母亲一起聊天，因为她们都有共同的话题，喜欢谈论关于孩子与家庭的事情。运动员都喜欢与其他运动员成为朋友，因为他们都会谈论有关运动自律方面的话题，讨论如何避免出现影响状态的伤病问题。首席执行官论坛之所以这么受欢迎，是因为参与者都喜欢与想法类似的人分享遇到的问题与挑战。

同理心就是我们站在别人的视角去看待世界的一种能力，即便你没有扮演着相同的角色，承担着相同的责任或是每天面临着相同的挑战，但你还是可以感同身受。如果你不知道客户的日常生活状态，那么你是很难与他建立起联系并让他对你产生好感的。

我们的客户与顾客一天的生活状态是这样的。对大客户而言，销售总监会感到精神紧张，因为他们总是要处理很多出现的问题。他们会感受到来自首席执行官与首席财务官的压力，同时也会在处理销售团队需求上遇到诸多压力。销售员可能会请求他提供帮助来达成销售协议或是处理内部运转的一些问题。他们的许多时间都是在飞机上度过的，睡眠质量不佳，回到办公室之后还要面对成堆的报告与电子邮件。他们选择与我们合作，是因为他们根本没有时间去研发训练模块或是材料。

我们的小客户属于那些一人身兼首席执行官、总裁、销售经理、首席营销官与首席洗碗工的企业。他或她可能是神通广大的企业经理，但他们会对无法招聘到像自己一样的员工而感到沮丧，还在对为什么其他人不能像自己那样勤奋苦干感到不解。他们是来的最早的，也是最晚下班的人，他们就像是一根两头燃烧的蜡烛，感到无比疲倦。他们找到我们，是希望寻求建立一个完整体系与销售过程的捷径与合作伙伴。

如果我们要求你写下关于客户与顾客的一段话，你能做到吗？如果你不能的话，最好还是带你的优质客户出去吃顿午饭，好好地交流一番。你要试图去了解他们的日常生活，因为你无法真正地与一个你一无所知的人进行交流。当你对他们有所了解之后，就能够增加你受人喜爱的因素了。

**情景分析**

我们的客户恩赛因钻井公司主营石油钻塔业务，这是一家非常成功的公司，每年的业务增长都以两位数在迅速发展。这家公司的迅速成长有多方面的原因：策略性的思维、先进的设备与优秀的员工。除此之外，还有另外一个原因，那就是他们的高级副总裁汤姆·希勒德维兹一直在强调包括同理心等软技能的重要性。汤姆想让他在公司总部的员工对被称为"粗暴的人"的钻井工人有更加深入的了解。因为他注意到，公司总部的员工有时会对钻井工人未能做出快速反应或是填写的表格不完整感到非常不满。

为了能让公司总部的员工对钻井工人有更加深入的认知，汤姆亲自来到钻井，用摄像机采访了这些钻井工人。他提出了这样几个问题：

• 你们每天什么时候开始工作？

- 你们每天工作多长时间?

- 你们觉得什么才是最重要的?

之后，汤姆举办了一次场外的会议，将这段视频播放给公司内部的员工看。事实证明，公司总部里几乎所有人都对钻井工人一天的生活一无所知。他们了解到钻井工人一天的工作是从凌晨四点开始的，实行的两班倒，每班工作十二个小时。公司总部很多员工在听到这些"粗暴"钻井工人谈论着家庭的重要性以及要在圣诞节还要工作时所感受到的痛苦（因为钻井不能停工）时，都非常惊讶与触动。最后，他的总部员工都觉得，对于每天要工作忙活十二个小时的钻井工人来说，保证不出现一点错误是很困难的。

公司的团队对钻井工人的态度发生了转变，也改变了一些工作上的制度、流程与之前的态度，因为他们对钻井工人每天的工作生活有了全新的认知。正是他们能够设身处地地为对方着想，所以他们之间的关系很快就变得融洽起来。

# 3. 认知，关联与建立客户对你的好感

哈维·麦基是哈维米切尔邮件公司的创立者与总裁，他还是畅销书《与鲨鱼游泳，全身而退》[1]的作者。我们认为他具有很高的人际交往能力，因为他研发了一种被称为"麦基66"的工具。这个工具其实就是一份问卷，旨在帮助他的销售团队掌握所有与客户相关的知识。这份问卷里有66个问题，内容包括个人爱好、孩子的名字以及政治派别等。

他的销售员需要在与客户会面之后填写这张问卷（你认为他销售团队里的成员会知道他们客户平常一天的生活状况吗？）。他的销售团队利用这种人际关系技能赢得了业务，看来这种方法还是很奏效的，因为哈维米切尔公司每年能生产四十亿个信封。

你呢？为了对你的客户与顾客有更加深入的了解，从而增强你受人喜爱的程度，你需要做些什么呢？还是老老实实地制定一个目标，从而更好地了解他们的日常生活状况吧！

## ◆ 别让热情成为你被厌烦的"催化剂"

有同理心的销售员擅长与人交往与阅读人们的心理。问题是，很多销售员依然使用着过时的销售训练技巧，从而影响了他们受人喜爱的程度。

很多销售员从入行开始就被灌输了要热情地对待客户的思想。所以，无论

[1]巴兰坦图书公司，1996年出版。

参加什么会议，他们总是显得那么精神抖擞，充满着活力。这其中就存在着一个问题：并不是所有的客户都是像你这样倾向于表现出热情的，很多客户只是与他们喜欢的对象进行合作。

试想这样一个情景。一位销售员与一间大型工程企业的首席财务官会面。根据对方的地位与所从事的行业，这位首席财务官很有可能是一位善于分析的人，所以他为人可能很保守，但销售员在整个会面期间都显得那么热情与精力旺盛，因为他一开始就被灌输了这样的思想，即热情是具有感染力的。但事实不是这样的，热情并不是具有感染性的。对某些人来说，他人表现出来的热情只会让他们感到烦恼。他没有留意到这位首席财务官的表情与肢体动作，不知道这位性格内向的首席财务官并不喜欢这么热情洋溢的会面气氛。最后，这位首席财务官很快地结束了这次会面，因为他觉得这位潜在的合伙伙伴与自己根本不是一个频道上的人。销售员没有读懂客户的心理变化，没有据此调整自己的谈话方式。

有同理心的销售员会察觉到客户习惯的沟通风格。他会调整自己的说话风格，努力做到使用与客户一致的沟通方式，从而建立起一种亲近的感觉，增加客户对自己的好感度。我们经常听到一些销售员提出这样的问题："如果你调整自己的谈话风格，难道不是在损害自己说话的真实性吗？"我们对这类提问的回答都是一样的，那就是：我们的首要目标就是与客户或是顾客在一个舒适自在的谈话气氛中进行会面。如果这意味着我们需要调整或是改变自身的沟通方式，那么我们做出这样的改变就是真实且真诚的，因为我们渴望与对方建立起这样的沟通方式。

培养与他人匹配或是相近的行为的能力是从神经语言学的项目中演进出来的，这是一种人际沟通的模型，涉及的研究领域有语言解析以及我们如何同他人进行沟通与理解方面的知识。该项目的联合发起者约翰·班德勒与理查德·班德勒利用他们的语言学、数学以及心理学治疗方法作为基础，帮助人们提升个人与专业生活层面上的能力。这样的方法能够增强我们受人喜爱的程度，因为你在与客户进行沟通时，所使用的方式都是与他们的思维与说话方式存在着一致性的。

比方说，如果你的客户说话比较缓慢，并且说话的声音不是很大，那么你就需要努力调整自己，学习客户这样一种心平气和的沟通方式。我们看到很多销售会面都是在见面的前五分钟就告吹了，因为销售员没有根据不同客户表现出来的特点去进行调整，他们可能习惯了说话大声或是语速过快，无法以客户那样的沟通方式去进行表达。在电话交流的时候，这种情况更是常见。当销售员感到紧张的时候，他们就很容易加快说话的语速。挂掉电话之后，客户就会摇摇头说："我根本不知道刚才那个家伙在说些什么。"这句话可以翻译为：刚才那个销售员并不想跟我说话，我也不想跟他说话。

那些懂得时刻留意销售会面气氛与变化的销售员深知，必须要按照不同客户与顾客所处的能量等级去进行自我调整。如果你与一位低调的客户会面，那么你就该将那个高调的自我放在车上，换上一个轻松的自我去参加这次会面。

你要学习与模仿客户的肢体语言。如果你的客户做出身体向前倾的动作，那么你可以等上一分钟，然后也渐渐地做出身体前倾的动作。如果客户跷着二郎腿，你也可以这样做。当客户看到你跟他的肢体动作相似的时候，这会让他感到自在舒适，增加对你的好感程度。

关于调整与模仿的另一个方面，就是要注意客户在会面期间的谈话方式。人们在一场销售会面时主要使用三种方式去处理信息：视觉、听觉与触觉。

通过视觉去处理信息的客户，比较注重用图形的方式去看待这个世界，喜欢用"我想到一个画面""说给我看看"或是"我所持的视角是……"等话语。要是销售员对此有所留意的话，那么他们也就会有意识地使用这种具有视觉性的语言，以便更好地建立起与客户的联系或是表明一个观点。比方说："我可以让你看看，我们为其他客户已经提供了哪些服务。"或是"这就是我们能为你的组织提供服务的全景图。"

通过听觉去处理信息的客户，比较注重通过聆听去了解信息。你经常能听到他们喜欢说"我正在听着你说话""听上去像是"或是"再给我说点"等话语。所以，要是销售员不注重客户的这些措辞，就有可能在沟通与受人喜爱两个方面都出现"减分"的情况。

注重以视觉去表达观点的销售员喜欢用图表与图形去阐述内容，因为这是他们处理信息的方式。但是注重以听觉去处理信息的客户只是希望销售员能够说得更多，并不想看一大堆图表之类的东西。当销售员用图表去传递出一大堆的信息时，可怜的客户就会产生厌烦的情绪。善于观察且具有同理心的销售员会按照客户的类型去进行匹配，将自己所有与视觉联系在一起的信息都收起来。

最后就是通过触觉去处理信息的人。这一类的客户在说话时显得非常谨慎，对于提问并不着急回答，而是要花时间去处理这些信息的内容。这样的客户喜欢说"我希望总揽全局才行"、"给我一些时间去思考一下"或是"我的直觉告诉我"等话语。

很多销售员都觉得自己无法与这一类的客户建立关系，因为他们的沟通方式与他们是完全不同的。事实上，我们觉得，绝大多数的销售员都应该在与这一类的客户会面之后，寄给他们一封道歉信，因为很多销售员都会对会面缓慢的进展过程表现出不耐烦的情况。当客户在说话的时候，他们嘴里虽然没说话，但肢体语言却是在大声地说："说快点！我没有整天时间坐在这里等你认真思考。"

我们曾与两间培训公司就一个合同进行竞争。我们最后赢得了这个项目的合同，因此感到非常高兴。当我们询问客户选择我们的原因时，他回答说："我的直觉告诉我这是一个好的选择。"注意，他的回答中并没有指出他认为我们的计划或是解决方案是多么的优秀。他的回答告诉我们一点，那就是他最终做出这个决定，是因为我们像他那样去说话。

# 4.你是敷衍工作还是快乐工作呢

你身边有真的喜欢自己工作的人吗？你身边有人敷衍工作，只是想拿薪水吗？这两种人是非常不同的。你可能经常听人这样说："如果你真心喜欢自己的工作，那么你绝对不会将工作推迟到明天去做。"那些具有自我实现情商能力的销售员是享受工作的快乐之人，因为他们无时无刻都在提升个人生活与专业水准。

他们喜欢阅读、聆听与吸收知识，努力成为一个更好的人与更加优秀的销售员。在训练的过程中，我们很容易发现这样的销售员，因为他们会将学到的知识运用到实践中去，不断地将全新的知识转化为实用的个人技能。

我们发现，那些总是能够完成销售任务的优秀销售员总是喜欢接受更多的培训，因为他们想要不断地提升自己，希望能在个人与专业的发展道路上达到全新的高度。洛杉矶加州大学已故的篮球教练约翰·伍登就曾非常睿智地说："当你停止了学习，也就停止了成长。"

懂得自我实现的销售员会为他们的客户与顾客创造更多的价值，因为他们知道要不断地推进自己的认知曲线。他们会在销售会面上给客户与顾客带来全新的思想、观点与解决方法，因为他们并不满足于"刚刚好"的状态。因此，当这些热爱工作的销售员拥有了一批喜欢与他们合作的客户与顾客时，这也就不足为奇了。

另一方面，有一些销售员则是所谓的"定居者"。在此，千万不要将这个词语错误地理解为早期的移民者。这些从事销售的人员不再试图去开拓全新的

"疆域"，他们已经停止了学习，安于现状了。他们对平常工作取得的一般业绩感到满意，他们为完成一般的工作感到高兴。他们愿意就以这样敷衍的态度对待工作，而不是将工作视为找寻人生快乐的一种方式。

我们培训了数以百计的销售员，通常都会跟他们分享这样一条建议：如果你不喜欢现在所做的工作或是不喜欢从事销售，那么你应该帮你的公司、客户以及你自己做一件好事，去找另一份工作吧。没错，你可以抱怨你的老板，抱怨手头上缺乏足够的营销材料或是糟糕的工作地点，但是当你认真审视自己的销售数据时，你会发现最大的问题其实就是出在自己身上——事实上，你根本不喜欢自己所从事的工作。

**情景分析**

几年前，一位名叫布鲁克的年轻女性就销售培训的事情联系上我们。当然，她不是我们理想中的客户，因为她并不是从事销售行业，她当时的职务是行政助理。

布鲁克在一家财产事故保险公司上班，她曾几次找到销售经理，表达了自己希望进入销售行业的愿望。但她的销售经理说没有看到她身上的销售潜质，于是拒绝了她的请求。她绝对不会接受这种"不"的结果，于是她决定报名参加我们的销售培训课程，并愿意亲自支付学费。最后，布鲁克成为了我们销售训练课程上的明星学员。于是，她辞掉了原先的工作，到之前公司的竞争对手那里成为了一名销售员，最后成为了那家公司最优秀的销售员。

布鲁克的例子是那些具有很强自我实现能力的人取得成功的典型例子。她现在依然在不断地提升着个人与专业的能力，尽最大的努力去让自己的人生变得更加圆满。因为，布鲁克不是安于现状的人！

# 5. 好感度：你能给人带来欢乐吗

拥有自我实现能力的销售员一般来说都是传播快乐的人，因为他们对自己的个人与专业生活都感到非常快乐。你是否注意到一点，就是快乐的人肯定要比那些不快乐的人更加讨人喜欢呢？

在《遗愿清单》这部电影里，摩根·弗里曼[1]与杰克·尼科尔森[2]坐在埃及的金字塔上，就人生进行着哲学层面的对话。这一幕就阐述了这样一个观点，弗里曼谈到了古代埃及人死后进入天堂的信仰。古埃及人首先要回答两个问题：

1.你在人生中有没有找到过快乐呢？

2.你的人生有没有给他人带来快乐呢？

摩根·弗里曼的这两个问题深深触动了尼科尔森，因为与人交往一直都不是他人生中擅长的一种能力。这是一幕非常具有深意的画面，里面所提出的问题是我们每天在与客户、顾客或是同事交往的时候都应该认真去思考的。

作为一位前销售副总裁，我亲身体会过将快乐传递给他人所带来的积极销售结果。米西·普莱西是我当时销售团队的一员，而且是表现的最好的明星销售员，她不仅是一位勤奋的员工、优秀的销售员，更是一位快乐的传播者。米西无论遇到什么人，脸上总是挂着大大的笑容，真心待人。她总是以友善和蔼的态度去给客户提供服务，即便当事情因为货运日期延误而变得有压力时，她

---

[1]美国著名男演员，第77届奥斯卡最佳男配角奖得主，美国电影学院终身成就奖得主。

[2]美国著名男演员、导演、制片和编剧，亦被普遍认为是电影史上最优秀的男演员之一，曾两次荣获奥斯卡最佳男主角。

依然保持着乐观的态度。即便她自己已经有足够多的事情要忙活，但她依然会
抽出时间去为他人鼓气加油。米西的客户之所以喜欢与她合作，不仅因为她过
硬的销售能力，更因为她喜欢传播快乐的态度。毕竟，谁不喜欢在工作中感受
快乐呢？

蒂姆·山德士，《决定好感度的要素》[1]一书的作者就在书中分享了四个
受欢迎的人所具有的特点：友善、关联、同理心与真实。你们可以通过回答下
面几个问题去衡量一下自己受欢迎的程度。

• **友善**：你是随和的人吗？你的脸上经常挂着微笑，喜欢与人交往吗？你
对他人的个人与职业生活感兴趣吗？

• **关联**：你在上个月帮助过谁？你为了帮助他人做了些什么？你是一位施
予者还是一位索取者？

• **同理心**：你有没有想办法去试图理解他人的观点呢？你有没有更多地选
择聆听他人的见解与想法，还是只顾着自己说话呢？

• **真实**：你为人真实诚恳吗？你有没有在销售会面过程中展现出这种真
实诚恳呢？

你在上面四点中哪一点做得比较好呢？你又该怎么做去提升自己受人喜爱
的因素呢？

---

[1]克朗出版公司，2005年出版。

# 6. 提升他人对你好感的有效步骤

正如本章的章名所示，人们更容易从他们喜欢与喜欢他们的人那里购买东西。绝大多数人都会持这样一种观点，即认为只有当一位销售员拥有着超级外向的性格，才有可能博得客户的好感。我们都希望除了单纯的个性风格之外，能够为你们提供其他的途径去提升自身受人喜爱的因素。好消息是，这种软技能是可以通过专注、承诺与训练去提升的。你可以按照下面三个步骤去提升自己受人喜爱的因素与销售结果。

1.审视你的自尊心，从而审视自己是否以自信、放松以及真诚的态度去面对他人。

2.创造属于你自己的"麦基66条法则。"

3.展现出自己的能力，快乐地工作。

## ◆ 第一步：审视你的自尊心，从而审视自己是否以自信、放松以及真诚的态度去面对他人

努力回答下面这些问题：

• 我是全身心地投入到这次会面之中，还是只呈现出另一个自我呢？

• 我在参加会面之前，是事先做好了充足的准备，还是因为没有准备而感到无比紧张呢？

• 我在谈到什么话题的时候会过分注重自己呢？

- 我愿意承认并且自嘲自己的错误与短处吗？

- 我是过分专注于自我还是过分专注于他人呢？

自我感觉良好的销售员有足够的能力去将他们的工作与真实的自己区分开来。他们深知成功或是失败都不能定义他们的自我价值，因为成功或是失败只是关乎他们在人生中所扮演的角色，而不能牵涉到他们自身的品格。这样的观念对所有人来说都是适用的。

如果你无法与客户达成交易的协议，这也不能贬低你作为一个人本身所具有的价值。如果你赢下了某个销售协议，这也不能提升你作为一个人本身的价值。无论输赢，你都需要昂起头来，大步离开，否则自我怀疑与自负的心态就会占据你的心灵。

## ◆ 第二步：创造属于你自己的"麦基66条法则"

下定决心，更加深入地去了解你的客户，只有这样你才能更好地与他们交流，建立好关系。你们可以到www.harveymackay.com/pdfs/mackay66.pdf去下载这份问卷表格，或是自己提出一些问题，然后进行诚实的回答，努力培养自己的同理心，更好地满足客户与顾客的需求。你要为自己制定一个了解客户的目标，以便更深入地了解他们的日常生活状况。当你掌握了客户的这些信息之后，那么最后的结果可能会让你大吃一惊，因为这将可以让你更好地去服务你的客户。

当你掌握了全新的信息，就可以去利用这些信息。人们经常说知识就是力量，我们对此并不能完全同意。知识只有为人们运用与利用的时候，才真正具有力量。

### ◆ 第三步：展现出自己的能力，快乐地工作

你们可以上YouTube视频网站下载已故的苹果公司首席执行官史蒂夫·乔布斯[1]在斯坦福大学2005届毕业生大会上发表的演说。在演说中，乔布斯强调了追寻梦想，不要为他人而活的重要性。乔布斯其实谈论的就是自我实现，将自身的潜能全部都挖掘出来。

找到你工作的意义，那么你就能找到生活的快乐。多年前，我的一位同事还是一位城市公交汽车司机，很多这些司机都是"安于现状"，根本看不到他们工作所具有的真正意义。

此时，我的同事就让他们去思考工作的重要性。他们每天开车将那些没有车的人送上班，将生病的人送到医生门诊室。他们还将一些人送去他们的父母与爱人身边。一旦这些司机看到了他们工作的重要性，那么他们在工作中所感受到的快乐与满足感就会大大增加。

作为一名专业的销售员，你能看到自己工作的意义与价值所在吗？你有没有看到自己每天是如何去帮助别人的？你所销售的服务能够帮助其他企业不断地成长，间接为更多人提供就业岗位。你们中一些人甚至还销售一些可能拯救人类生命的产品，一些人则销售一些能让客户每天生活变得更加轻松与高效的产品。这难道不是你们工作的意义吗？

我们在办公室里接听到最好的电话或是收到最好的邮件，是来自一位使用过我们提供的策略与技术的客户，这位客户在邮件里说："你们提供的服务

---

[1]史蒂夫·保罗·乔布斯（1955—2011），美国发明家、企业家、美国评估公司联合创办人。

真的奏效啊,我现在有了一名全新的客户啦"或是"我获得了公司提供的奖励性旅游,你们提供的培训造就了我的成功",我们都非常愿意去帮助我们的客户。最后,我们的工作反而变成了不是单纯意义上的工作,因为我们在培训、教授与指导的过程中都感到无比快乐与幸福,感受到了人生的成就感。

要想提升自己受人喜爱的能力,首先就要喜欢与接受自己。努力去了解你的客户与顾客平常的生活状况吧。要将服务专注到客户身上。制定个人与专业的目标,努力让自己变得更加快乐与圆满——因为一个快乐的销售员就是一个受人喜爱的销售员。

# 第五章：
## 如何得到你期望的东西

　　所有的销售精英都不想做无用功。那么，如何准确抓住客户的心理，让他跟随你的思路，顺利管控他的思想呢？科林告诉你，学会管控自己的期望。

你过去是"追逐模式"的"受害者"吗？在第一次会面或是提交了价值主张之后，客户不回复你的电话时，你是否试过苦苦追逐客户呢？你在销售会面上，是否碰到过一位不愿意与你交谈的客户，让你觉得仿佛是在自言自语呢？你有没有遇到过在参加一次会面之前，期望着对方的决策者也会出现，但最后到来的却是没有决策者的情况呢？要是因为客户迟迟不遵守承诺，不执行最后的交货期限，反过来对你们提供的服务感到不满，此时你该怎么办呢？

遇到上面这几种销售情形，销售员都会对客户与顾客感到恼怒。其实，我们根本没有必要去生客户或是顾客的气。但是，我们却很有必要去认真审视自己的行为，看看自己在对成功业务关系方面设定与管控的期望是否符合现实。你只能得到你所期望的东西——在很多情况下，你可能根本没有就与对方的决策者会面、客户的满意度、摆脱这种追逐客户的模式与消灭单方的销售对话等方面做出期望，所以你肯定无法达到预期的期望。

高效管控自身期望的能力——无论是我们自身的期望还是客户的期望——都是任何专业销售员想要取得成功的一个不可或缺的因素。管控自身期望的能力是必须要贯穿于整个销售生涯的。明确期望能够定义你是以何种方式去与客户与顾客打交道的。管控自身期望，需要你在一场销售会面上，认可自己该以何种方式去对待各方的角色与责任，接下来的一步就是双方都应该为了实现共同的目标去进行努力。

绝大多数销售员从一开始就被灌输了这样一个观点，他们在参加销售会面时，必然要有一个明确的目标。但是他们没有接受过为了双方能有一场富有建设性的会谈，如何去管控自身期望而进行的训练。很多销售员在参加会面的时候都觉得只是客户的从属，而不是将双方视为地位平等的主体。所以，这就会出现我们在本章第一段里所提到的各种让人沮丧的销售情景。

管控期望对于业务关系的开端来说特别重要。你可以得到自己所期望的结果——优秀的销售员都希望能够得到客户的尊重，希望客户能将自己视为平等的人。此时，你如何去设定与管控期望，通常决定了你是被客户视为有价值的合作伙伴还是单纯的买卖双方。

在单纯的买卖关系中，客户与顾客根本不在乎你的想法与你们之间的关系，真正在乎的只有价格。当你遇到这一类的客户时，他是不会愿意与你谈论其他事情的，而只是会就你的问题提出简短模糊的回答，拒绝参与一场咨询式的会谈。他们可能已经习惯了这样的交流方式，每年他们都会像往年那样找到你，重新跟你谈论一番价格的问题，虽然你在过去一直提供着优质的产品与服务。在这些客户眼中，他们只看到了不是你输就是我赢的谈判结果，所以，这些自视甚高的客户根本不会对从事销售的人员有多少尊重可言。

但是，合作的伙伴就会尊重销售员的专业技能，愿意为销售员的价值付出金钱。那些崇尚合作关系的客户与顾客都会尊重销售员的工作，他们愿意参与对话，愿意分享自己关切的事情与目标。他们不喜欢耍什么花招，相信双赢的合作哲学是进行长期可盈利合作的一个必要条件。

优秀的销售员都非常擅长制定与管控自身期望，对他们要做的工作有一个清醒的认知。虽然设定与管控自身期望需要过硬的销售技能，但是我们发现诸如自我肯定、现实检查、解决问题、同理心与自尊感等软技能，在开发与保持合作关系（而不是买卖关系）上也是同样重要的。让我们认真审视这些能够为我们带来平等对话而不是肤浅销售对话的软技能吧。

# 1. 合作伙伴还是买卖关系

高效的销售员擅长从一开始就将把他们视为买卖关系的客户排除在外。他们很快就会将这些浪费他们时间的人送给他们的竞争对手，将更多的精力专注于相信合作关系的客户上。他们擅长在与客户第一次会面时，就建立起双方富于建设性的合作关系。

管控自身期望说起来可能比较容易做到，但自身的情绪却通常让我们无法做到。有太多的销售员在得到一次会面机会时就感到无比兴奋与高兴，他们会说："维吉尼亚，我知道你现在非常忙碌，我只是需要占用你20分钟去讲述我的产品与服务。"要是你重新读一遍这段话，就会发现销售员对这次会面有着很低的期望值。他在恳求客户给予一次会面机会时的表达方式充满着道歉的意味。销售员的这种说话方式是无法实现平等对话这种期望的。恳求客户给予"20分钟"的时间，这样的说话口吻绝对不是一场咨询式销售会面应有的。当销售员这样说的时候，他其实就已经期望将这场会面变成一场销售产品与买卖关系的会面了。

擅长管控自身期望的销售员都是充满自信且拥有很强自尊心的，他们在说出自身需求时感到非常自在。他们重视自己的时间，过往的经验让他们知道，如果某位客户不愿意花时间去讨论他们所面临的挑战，那么他可能就不是自己理想中的客户。这些销售员希望与客户进行一场平等的对话，而不是一场自言自语的会面。他们希望将会面变成一场形成合作关系，而不是单纯买卖关系的会面。

所以，他们会以这样的说话方式去争取会面的机会。

116

"维吉尼亚，我觉得我的公司在某些方面能给予你一些帮助。为了看看我们是否能够为贵公司提供更好地解决方案，我们需要一个小时去商讨贵公司面临的挑战与目标。我不想假定自己知道这些挑战对贵公司业务带来的影响，所以我希望提出几个问题，以便更好地了解你们所面临的特殊处境。你认为这可行吗？"

请注意，这位销售员在设定与管控自身期望时与上面那个例子的销售员的做法是有明显区别的。因为在后面这个例子里，按照销售员设定的期望，客户抽出部分时间是为了更好地商讨他们所面临的挑战。销售员让客户明确地知道这场会面将会是一场对话，而不是纯粹的一方说话与销售产品的会面。

除了就会面的时间做出期望，高效且自信的销售员也会让他们的客户明白一点，那就是他们希望谁去参加这次会面。

我们经常听到许多销售代表谈到这样的悲惨经历，就是他们与客户设定好会面时间，觉得对方会派出决策者参加这次会面后，却发现决策者根本不能参加会面。此时，销售员就会感到无比难受，在会面的情形上就会处于不利位置，因为决策者的无法出席让其他人只能给予模棱两可的回答。

如果你对谁将会参加这场会面的期望能够变得更加具体与清晰的话，那么这种低效的会面是可以避免的。这种类型的会面也能看出你的客户对解决问题或是挑战是否持一种严肃认真的态度。要是他们真的愿意做出改变或是提升的话，那么他们的决策者就应该出现。

# 2. 面对一个客户，你心里怎么想

到目前为止，我们已经谈论了为了与客户成功地进行第一次接触，就需要对客户设定一个期望。之前，我们一直谈论着如何管控自身对客户的期望，现在我们要谈论如何管控自身的思维方式。管控自身对一场会面的期望同样是建立一次成功业务关系的重要组成部分。

有太多的销售员在参加销售会面时都会怀着一个错误的本意：那就是尽快地达成合作协议。他们往往会抛出试探性的成交问题，比如"你对此是否同意呢"或是"如果我们这样做，你是否有意呢"等。如果想要与客户建立一种合作关系而非买卖关系的话，那你就要像一位合作伙伴，而不是传统意义上的销售员那样去表现出来。

我们对参加销售会面的销售员灌输了一个不同的思想：追求事实真相，去做正确的事情。不要过分注意会面的结果，无论对方是同意还是反对都要表现得淡定自若。

我之所以会有这样的观念，源于一个不同寻常的渠道：一位地方检察官的办公室。我嫁给了一位专职检察官，也就是那些喜欢追求法律与正义的家伙。在认识吉姆之前，我对这些法律不是很了解。所以，在我们初次约会的时候，我问，如果他赢下了一场官司，是不是可以赚很多钱。吉姆对这个问题感到很困惑，对我说："没有啊。我们这个行业有着一套完全不同的职业伦理道德。我们的使命就是追求实实在在的真相，去做正确的事情。"

正是出于这样的职业伦理道德，吉姆并不事先预定立场。他真正想要找寻每个案件背后的事实与证据。他要始终保持客观的立场，提出很多尖锐的问题，比方说："你为什么要停车"、"为什么你认为被告是有罪的呢"或是"证据在哪里呢"以及"我们怎么能完全确定呢"。

在销售会面中找寻事实真相应该是所有销售员的共同目标。提出问题，然后找寻解决问题的方法，这才最符合客户的要求，而不是只想尽快地达成合作协议，完成自己的销售任务。事实上，有时正确的解决方法根本与你的产品与服务没有关系。

当你过分注重销售的结果时，你就会刻意避免提出尖锐的问题，比方说"你真的需要这样做吗"等。此时你希望得到一个肯定的回答，而不是事实的真相。像检察官那样去思考吧。如果你正在审查他们的商业案件，你会向客户提出怎样的问题，以求了解他们面临的真实处境，而不是希望尽快得到你想要的结果呢？

当你不大看重一场销售会面的结果时，你就能专注于去发现一些客观的数据与事实，而不是单纯相信你愿意听到的话语。现实检查的情商技能对我们保持一个客观的心态是非常重要的。运用现实检查的情商技能不会让你提出能使你听到想要的回答的问题，比方说"如果我们能够帮助你节约时间成本，你会对此感兴趣吗"等，相反，你会提出一些能让你了解事实真相的睿智问题，比方说"你肯定这个特殊的挑战会让你浪费更多时间吗？贵公司是不是发生了其他事情，导致了这个问题的出现呢"？

拥有正确的思维方式，找寻关于客户的事实真相，能够营造出平等的对话氛围，因为客户并不会受到明显具有指引性问题的操控。你的行为举止像一位合作伙伴，而不是买卖伙伴。

## ◆ 你还在试图反驳客户提出的质疑吗

这种全新的思维方式意味着我们需要抛弃一些耳熟能详的陈旧观念。很多销售员现在都还学习着如何反驳客户提出反对的销售方法。他们被灌输这样的观点："客户第一次提出质疑并不是真心的"、"客户的质疑与反对让你离成功更近了"以及"在你连续反驳客户三五次质疑之后，你就开始成功了"等。

要是客户知道你已经掌握了如何反驳他们提出的问题，只希望听到肯定的答复的技能时，他们只要还是正常的就不会表示反对。但是，客户也不会做出开放与诚实的姿态，因为他们会努力避免提及自身真正的问题。毋庸置疑，客户的这种心态对双方建立起合作关系或是某种关系来说是极为困难的。这就会让很多销售员陷入到追逐客户的模式当中，最后他们发现原来客户对自己并不感兴趣。

感受一下这个全新的观念：不要试图去反驳客户提出的质疑与疑问——提出让他们说出实话的问题。你可以自己进行这样的训练，或是与销售团队一起进行角色扮演。将客户不愿意与你继续会面的理由列举出来。下面是我们经常从客户那里听到的典型反对意见：

- 他们认为更换供应商是一件很麻烦的事。

- 贵公司的品牌没有竞争对手那么出名啊。

- 他们有可能内部做好这个项目，而不是将其外包出去。

- 他们的预算非常有限。

- 时机不对。

- 他们已经同供应商达成合作协议了。

当你想要知道这些问题的回答时，就要自问：你是要在这会面之前还是会面之后才写评估报告呢？当然，绝大多数销售员的回答是，他们希望在写报告前，能够与客户就原则问题达成一致。现在，你需要再提出一个问题，那就是你会在什么时候发现这些反对意见——是在写报告之前还是写报告之后呢？我们几乎听到一半的销售员回答说，他们是在写了报告之后才得知客户的意图！这是严重浪费时间的行为。

很多销售员从一开始就抵触这样的观念，担心提出这样一个问题会让客户产生怀疑的态度，或是让他有理由去终止这次会面。但这里有一个销售的小技巧：你的客户其实已经将你所有的反对意见都想到了。这就是你为什么总是在销售过程中迟迟无法进行反驳的原因，最终导致你提交了报告，却发现依然无法与客户达成协议。要是你能够在写报告之前，就提出反对的意见，那么你就有可能更加深入地了解客户的需求与理清一些错误的想法，这将会更有助于你达成合作协议。

记住，你所设定的期望是建立一种合作的伙伴关系。这就需要你们进行真实的对话，而不是肤浅的聊天。你应该在会面时充分发挥自己的同理心，站在客户的立场去想，就存在的相关问题提出自己的疑问：

• "乔安，因为这是我公司新出的一款产品，所以我想你们会对这款产品的可靠性不是很了解，我们应该就此进行详细的谈论吗？"

• "乔安，既然你没有提出这点，那我就不知道这对你是否构成一个问题。我公司是一个制造精品的小型公司，我知道你们希望寻求与大公司进行合作。你们会对我们按期交货的能力有什么顾虑吗？"

• "乔安，你刚才跟我说，你们在五年前与我公司进行过一次合作。我想你们可能会对我公司是否已经改进了之前一些客服问题存在疑问。我们应该谈论一下这个话题吗？"

不要试图去反驳客户提出的质问：相反，你要主动提出客户的一些合理质问。从长远来说，营造这样一种交流氛围对你是有帮助的。你可以就客户提出的质问做出回答，你要像咨询师，而不是像一位以自我为中心的销售人员那样自大。要想做到这点，调整自己的期望是最为重要的。你需要明白，你此时正在进行着一项探究与找寻事实真相的使命，而不是尽快地与客户达成合作协议。这才是构建合作伙伴关系时应有的思维方式。

**情景分析**

我们的一个客户是"想象公司"，这是一家擅长设定与管控期望的公司，他们会在写风险评估报告之前就与客户讨论所有可能存在的问题。所以，他们不会将时间浪费在那些无用的机会上。如果他们失去了某个客户，那么他们更愿意在销售的早期阶段就失掉。

他们的目标市场是财富500强的企业，这些企业通常都有内部研发的部门。"想象公司"提供的服务包括全新的产品研发与客户研究。他们的很多客户都有自己的内部团队去执行这方面的工作。所以，他们面临的挑战显然是："为什么我们要与你们合作？"所以，他们在找寻合适客户的过程中，首先要明确一点，那就是这些客户是希望将服务外包，还是内部来完成。

所以，在他们写任何风险评估报告前，都会提出这样一个潜在的问题："麦克，我们感谢你对我们之前所做的创新与策略方面的工作感兴趣，但我们有一点非常好奇，既然你们公司有那么多优秀的员工，为什么还要选择外包呢？"

因为他们并不对产品的销售结果负责，所以提出了尖锐的问题，并愿意听到真话，当然对方也有可能对此表示拒绝。符合条件的客户会立即分享外包的理由：工作量已经严重超过内部团队的负荷量，他们对集体思考的方式感到担心。或是他们真诚地相信一点，那就是外在的视野与合作能够帮助他们研发出更好的产品。

不符合资格的客户肯定会选择内部完成这些工作。好消息是，"想象公司"并不会为这些不符合资格的客户浪费时间去写风险评估报告。

管控自身期望，并在前期就处理好与客户之间的问题，正是这家公司不断成长的一个重要原因。最近，该公司与一家有强大内部研发部门的公司达成了金额高达六位数的合作。"想象公司"的老板将这归功于他们在销售早期就秉持着追求真相的原则，及时地处理了客户面临的问题。

## ◆ 你还有必要见客户第二次吗

当你与客户在第一次会面时就将所有可能面临的问题都讨论一遍之后，那么下一步就是要评估是否还有第二次会面的必要。当客户表示愿意进行第二次会面的时候，一般销售员都会感到非常兴奋。因为销售员总是希望能够尽快地与客户达成合作协议，所以他们往往不会提出一些尖锐的问题或是运用现实检查的技能。比方说，是否还有再次见面或是通电话的必要？他们是否在第一次会面时谈到了足够多的"困难"？这些困难是否可以成为写风险评估报告以及安排下一次会面的理由呢？

千万不要让兴奋与软弱的情感管控能力压倒了你的客观思维。在同意客户第二次会面的要求前，你应该明白这样做会让你达成销售的希望变得更加渺茫。所以，你应该对当下的情形进行现实的检查。你可以向自己提出这样一些追求事实真相的问题：

• 你的客户在第一次会面的时候有没有说出他们真正需要解决的问题呢（如果你在第一次会面时没有听到客户讲述有关这方面的话语，那你为什么还要与他见第二次呢？你是正走在去写评估报告的道路上吗？）？

• 客户在第一次会面的时候是否愿意公开他们的预算呢（如果客户不愿意说出他们的预算，那你为什么还要为这样一位不愿意与你合作的客户去浪费时间呢？客户的行为是否符合你对合作伙伴的期望？）？

• 客户在第一次会面的时候是否愿意将你介绍给其他的决策者（如果客户不愿意在会谈里谈到其他决策者，难道你不是又要去写一份毫无意义的推荐书吗？写另一份可行性报告？这看上去是合作应有的态度吗？）？

向自己提出这几个问题，诚实地回答，这将会让你免十许多头痛的事情，也可以避免浪费时间去追逐某位并不需要你的服务或是不愿与你建立合作伙伴关系的客户。

不注重在接下来的会面或是通话中设定与管控期望的，莫过于展销会上出现的情形了。销售代表参加完展销会后，回到办公室，为得到这么多新客户的联系方式感到无比兴奋，但最后却发现这让自己陷入了邮件与电子邮箱的"海洋"当中。很多公司在参加展览、推销产品以及出行方面的费用动辄高达数千美金，但却不愿意花时间与金钱去训练他们的销售团队如何去设定与管控自身与潜在客户的期望。

比方说，某位客户来到你的展位，问道："你们是做什么的？"然后你可能与客户进行了简短的对话。客户说他对你们的产品很感兴趣，你也说愿意在展后与客户保持后续联系。你遵循自己的承诺，给客户打了电话，接着你给他发邮件，最后你再次给客户打电话。没错，你已经完全启动了"追逐模式"。在这样的销售情形下，追逐模式之所以出现，有一个重要的原因，那就是你没有为下一步的具体行动做出明确的期望，没有事先解决潜在的问题。

下面这个例子就充分展现了如何通过设定与管控期望去与客户建立合作关系，而不是单纯的买卖关系。

"乔治，我们都知道展销会的模式是什么样的。你很快就要回到你的办公室，手头上还有一大堆急着要做的事。你觉得我什么时候给你打电话比较适合呢？还有，你可能在展销会之后收到很多其他卖家的电话，在提醒你关于我们的对话时，我该事先说些什么呢？顺便说一下，如果你改变心意，请到时接我的电话，即便你在电话中只是表达不愿合作的意思，也没关系。这样的话，我就不会在这场展销会之后像一个销售尾随者那样时刻烦扰你了。"

请注意，在销售员愿意投入宝贵时间去与客户进行沟通时，他已经在这段话里设定了诸多的期望。同时，我们要知道，成功的销售员会通过提出某些潜在的问题来找寻事实的真相，做到未雨绸缪。这样做可以让你避免陷入"追逐模式"，也会让你的双脚更加舒适，因为你可以不用忙着去参加许多根本对你不感兴趣的客户的会议。

要始终充满自信地说出自己所需要的东西。这会让销售的过程变得更加轻松与舒适。无论对销售员还是客户来说，都是如此。

# 3. 建立并管控期望，让客户成为你的狂热粉丝

随着业务关系的深入，你需要继续让客户知道你对他们所设定的期望。商界里有一句古老的话："顾客永远是对的！"销售员往往会盲目地跳入取悦客户的"圈套"里。有时，他们的努力却没有得到回报，因为他们在销售过程与客户会面时，没有对成功的销售进行期望设定，并且没有管控这样的期望。

你们可能会对下面这个销售场景感到非常熟悉。合作协议达成之后，销售员对他的全新开发的客户感到非常满意。项目执行也准备要开始了，工期就是三个月。销售员开始在与主要利益方会面时遇到各种问题。这些会面对于推动项目前进与完成约定的期限是非常必要的。销售员一再地满足客户的要求，希望能够举行会面，并四处收集必要的信息，但最后却收效甚微。最终，他们错过了交货期，客户就对销售员以及他们公司的低效行为表达了失望之情。销售员此时才发现原来多了一位不满意的客户，但这并不是因为他的公司无法达成这样的期望值。其实，很多时候犯错的是客户本身，但他们却不愿意为此承担责任，因为他们从一开始就没有对项目的成功设定一个明确的期望值。

设定与管控期望，需要我们认真讨论合作双方在获得成功结果时所扮演的角色。这意味着我们需要对潜在问题的期望值进行讨论——而且还要在这些问题浮出水面之前就这样做。这是管控期望时最重要的一个原则。在参与销售相关的工作时，必须要事先设定好期望。

为了更好地突出合作关系的法则与双方在一次成功销售中所扮演的角色，你可以提出下面几个问题：

- 如果客户的内部团队无法达成期望，他是否可以接受将交货期延迟两周的结果呢？
- 如果主要的利益方错过了会面，又会发生什么事呢？
- 如果关键的信息没有传送到我们这边，我们该怎么做呢？
- 在客户那边，谁该为这个项目负责呢？

你要充满自信地就新老客户在为获得成功结果的过程中扮演的角色设定期望。好的销售结果通常是在两个公司像合作伙伴那样工作时达成的。在对成功结果进行设定与管控期望之前，首先要有建立合作伙伴关系的思维方式。

### 情景分析

我们曾与一家网页设计公司合作过，这家公司的员工对工作都感到很沮丧。公司的客户经理是"客户至上"理念的典型执行者，他们非常努力地工作，希望得到客户的理解，但最后客户对此却并不买账。他们的很多客户都是小型的公司，没有全职的营销人员。图片、信息以及营销手册通常都会延迟送到他们手上，这就严重延误了这些客户的网站的上线日期。

我们与这个团队一起分析他们的问题，帮他们设定与管控对每家合作公司所负责任的期望，从而保证他们可以更好地完成网站的设计与执行工作。角色、责任与潜在的问题这些方面都是应该在工作开始之前公开且全面进行讨论的。这个网站研发公司发现，他们的客户非常赞赏这种透明的合作方式，最后他们也能够更好地成为客户的合作伙伴，取得了更好的结果。之后，他们再也没有出现过因为一些问题而与客户进行相互指责的情况了，因为绝大多数的问题在开发新网站之前，就已经得到了充分的讨论，并且达成了一致。

客户的满意度提升了，因为他们在网站研发的早期就已经设定并且管控好了期望。现在，这家公司的客户越来越多，很多客户都排着队跟他们进行合作呢。

解决问题以及自我肯定等软技能是赢得客户的重要手段。我们需要认真分析客户满意度出现在什么时候、什么方面以及通过什么方式。要做到双方权责分明，接受你以及你公司存在的不足。将你从客户方面需要的东西说出来，以便为他们提供更加优质的服务。业务关系是双向的，所以要确保你与你的客户能够朝着正确的方向前进。

# 4.提升管控自身期望的有效步骤

给自己制定一个目标，一定要掌握设定清晰期望值的能力。培养与客户达成合作关系而非买卖关系的思维方式。前者能让你获得利润，后者能够让你将砍价的模式变成可行性报告。

一定要避免达成任何语意不清或是模糊的协议。无论是对你还是客户来说，这样的协议都是有害的。当你与客户处在同一条船上时，就该更好地利用时间，对双赢进行准确的定义与认同。此时，你才能够将这样的关系视为合作关系。

下面几步可以帮助你更好地实现你的期望：

1.审视你过去三个月的销售会面，评估你的表现。

2.用想象视觉化的方式去训练设定与管控期望。

3.重新回想你给客户带来的价值。

## ◆ 第一步：审视你过去三个月的销售会面，评估你的表现

你是充满自信地表达自己的需求，以便更加高效地开展业务，还是陷入到消极的销售行为当中，跟着客户的要求转呢？如果你心态消极的话，那又是什么触发你做出这样的反应呢？

接下来的场景是不是太熟悉了？你第一次与客户约好了见面的时间，他同意与你进行45分钟的会面。而在见面时，你再次确认见面的时间之后，客户却

说他只有大约15分钟的时间。

此时，你很容易让情绪将你占据，陷入到抵抗或是逃避的模式当中。你会感到非常慌张，进入到产品推销的状态当中，因为你觉得自己根本没有时间去提出问题或是进行咨询式的销售对话。

如果这样的经历对你来说非同寻常的话，那么你就要想出一个更加高效的方式去进行应对。你需要认识到，如果你只是在全新安排的时间内与客户进行会面的话，那么这场会面很可能只是一方在说话，将会是非常无聊的，最后的结果也很可能是客户会说需要对你的提议再做考虑。

此时，你可以通过管控自身情绪去改变自己做出的反应。要充分发挥同理心，认识到第一次销售会面对客户来说也是会感到不那么自在的。他可能也在担心，你参加会面只是怀着销售一些他原本不需要的产品的本意。所以，千万不要对客户说只有15分钟会面时间的话语做出过分的反应。你应该及时调整期望，将之变成一场咨询式的会面。你可以说："某某先生，我们在这段时间里还是能完成一两件事的。我不知道我们能否在15分钟内说完这些事，但我们现在就开始谈论这些事。等时间到了，我们再决定是否要举行第二次会面。或者说我们现在就重新安排会面的时间呢？因为我觉得你似乎还有其他重要的事情要处理。"

在这个过程中，一定要充满自信，展现出自己的同理心。你可以重新为客户设定一场成功会面的期望，同时说明这样一个事实，那就是你无法在15分钟内完成很多工作。我们都知道，几乎在所有销售情形里，要是客户同意开始会面，那么会面一般都会持续45分钟或是更长的时间。

优秀的客户是绝对不会因为销售员重新设定期望而感到遭受冒犯的。在这里，关键词就是"优秀"。优秀的客户会尊重你以及你对销售会议所付出的准备。优秀的客户理解与重视合作关系。因此，他们能够像对待合伙伙伴那样去对待你。认真思考一下在过去几个月里，你平衡个人心态方面到底还存在着哪些方面的不足，然后努力寻求一个不同的解决方法。

## ◆ 第二步：用想象视觉化的方式去训练设定与管控期望

一旦你决心要对各个方面的期望实行管控的时候，那么这样的行为就会在你的大脑里形成全新的神经通路，从而改变你之前一直存在的低效反馈方式。回想你最近面对的销售情形，你在什么时候表现出了消极的一面，没有将自己的需求陈述出来。最后，这样的会面产生了什么样的结果呢？你最后是否陷入了"追逐模式"当中呢？你是否因为在会面时显得过分匆忙与心急，而让自己所写的风险评估计划变得毫无用处呢？

要始终相信自己的能力，避免成为自身心态的受害者。那些缺乏自信的销售员是很容易变成销售行业的"受气包"的。他们经常抱怨自己被人利用，这样的遭遇让他们心生不满，无法从工作中感受到乐趣。此时，他们要运用现实检查的这种情商技能。难道真的是客户或是顾客利用了你，还只是因为你没有将自身的需求向他们提出来呢？

为了更好地训练自己的信心，你就需要分清楚在不存在威胁的环境下，你是可以在面对不同的情形时做出不同反应的。比方说，如果你缺乏自信，那么你可能就成为了那些不情愿将冷藏食物退回酒店的人。你不应该忍受这么糟糕的食物，而是应该微笑地对服务员说，将这些食物加热一下再送过来。有时，自信所带来的一些小行为能够帮助你更好地培养这种技能。

◆ **第三步：重新回想你给客户带来的价值**

一桩成功的商业交易通常都会给销售员与客户双方带来实惠。如果你觉得自己被客户视为单纯的卖家，那就要提醒自己你给客户提供的价值。如果你不相信自己能够创造出来价值，那客户为什么要相信你呢？所以，你需要列一个清单，将你所提供的产品与服务能够帮助客户的方面都列举出来。如下面这样：

- 你提供的服务可以增强客户的工作效率，从而为他们带来利润。

- 你提供的产品能够让人们从琐碎的事情中摆脱出来，从而将精力集中在更加重要的工作上。

- 你能帮助客户在全球市场上更加具有竞争力。

- 你可以帮助客户在他们的客户面前变得更好，反过来帮助他们留住了最好的客户。

- 你提供的服务能够一步到位地帮助客户的公司提升产能，减少了浪费的时间。

- 你们快速的反应时间能够帮助客户避免出现交货延误的情况。

专业的销售员还可以从其他几个方面帮助他们的客户。列一个这样的清单，因为这能时刻提醒你不要在对销售会议或是商业交易做出期望时自我欺骗。经常审视这张清单，将有助于建立你的自信与自尊心。你对客户与顾客来说是一种宝贵的资源，千万不要对此感到怀疑或是将此遗忘掉。

要提前设定与管控情绪，因为这通常会在销售的过程中发挥重要的作用。记住，你只能得到你所期望的结果。你希望在参加销售会面时被客户视为平等的同行与专业人士吗？还是你参加会面时觉得自己只是一位卑微的销售员，只是希望能得到客户腾出时间与给予关注的待遇呢？你必须要展现出自信，期望自己被视为合作的伙伴，而不是单纯的卖家。

广受欢迎的电视脱口秀节目主持人菲尔博士曾给出过这条建议："我们可以教会他人如何对待我们。掌握别人对自己的期望，不要去抱怨。掌握对双方关系进行重新协商的能力，得到你所希望的结果。"广大的销售员有必要听从他的这条建议。

# 第六章：
## 询问技巧：你的客户有什么故事

销售成功的关键是什么？听你说？错！做销售最关键的是听客户说，学会询问并倾听客户的意见不仅让你找到客户的"病症"所在，还能让你摇身成为"销售达人"。你准备好了吗？

专业的销售员经常会说这样一句话："找到客户的痛处。"它的意思是如果他们能够发现客户面临的业务挑战，就有很大机会让客户最后给他们一份大合同，从而帮助去解决这些问题。

多方的研究也支持这种观点。尼尔·拉克曼，《旋转销售》[1]与《大客户销售》[2]这两本畅销书的作者，曾就客户购买的动机进行了广泛深入的研究。他的研究结果证明，当销售员发现了客户面临的挑战，然后与客户谈论这些挑战带来的影响与后果时，他们达成合作的概率会增多50%。

市面上关于教销售员如何提出问题，接着发现客户所面对挑战等方面的书有数百本，网上的相关博文与文章更是不计其数。所以，我们又必须回答一个由来已久的问题：为什么有那么多销售员在尚未提出足够多的问题，去诊断客户面对挑战背后的原因，就选择急着去提出解决这些问题的方案呢？为什么那么多销售员对讲述自己的事情感兴趣，却对了解客户的事情不是那么感兴趣呢？

从事销售的人员都可以看到这几乎是他们优先选择做出的行为。其实，他

[1]麦格劳-希尔出版公司，1988年出版。
[2]麦格劳-希尔出版公司，1989年出版。

们都已经看过很多销售员在客户刚提到业务上的挑战，就开始对客户进行言语上的"狂轰滥炸"，最后成为这种行为"受害者"的例子。当销售员进入到一种"销售攻击"模式时，就根本没有心思去了解客户的故事。他不会想着提出充分的问题去帮助理解这些挑战对客户所产生的影响。相反，他只想着如何更快地推销产品。此时的客户俨然成为了"受害者"，只能听着销售员口若悬河地说个不停，但所说的话却根本没有解决他真正关心的问题。

当客户对与销售员的会面无法感到满意时，他就会想与另外两位销售员去进行会面，从而履行自己的职责。不幸的是，这两位销售员也是从同样一所"销售大学"——"销售攻击大学"（Sales Attack University）毕业出来的，他们所说的话都是差不多的。每位销售员都近乎固执地表示，他的公司可以提供质量最好的产品、最佳的服务与专业技能。每位销售员都向客户保证，他们的公司是重视合作伙伴与客户满意度的。那客户该怎样做出选择呢？最后唯一的差别似乎就是价格的差异，于是客户只好与价格较低的供应商达成合作协议了。

那些失去客户的销售员经常会向他们的销售经理或是首席执行官抱怨说："如果我们的价格更加具有竞争力，那么我就能赢得更多的客户。"一些公司可能会接受这样的理由，选择降低他们产品的价格，但最后却发现降低价格对于赢得更多的客户其实没有什么帮助。这样的做法只会让公司在一场"零利润"的比赛中占据头筹。其他的一些公司则专注训练销售员的销售技能（没错，你知道我们朝着什么方向前进。）。他们意识到提出问题的重要性，接着说出了人家都耳熟能详的一句话："上帝赐给你两只耳朵，一张嘴，就是这个原因。"销售员对此表示同意，接着进行着最为简单的训练：提出问题，自己说少点，多听客户说。

　　上面这些方法的本意是好的，但在现实执行中却很低效，因为他们不知道销售员没有提出足够多的问题，没有过早给予解决方案等行为所能导致的结果。

　　诸如冲动控制、情感的自我察觉、解决问题与同理心等情商技能对促成基于价值取向的咨询式销售会面具有重要作用，因为这能帮助销售员了解客户面临的真实挑战与问题。让我们认真审视一下，这些技能到底是怎样帮助销售员提出更多问题，更好地了解客户所说的故事，避免提出不成熟解决方法的。

# 1. 让客户感到自己受重视：聆听

冲动控制这种情商技能会影响销售员提出问题与聆听回答的能力。这种能力可以帮助我们抵制或是延迟做出某种行为的冲动或是诱惑。成功的销售员都拥有着很强的冲动控制能力。他会耐心地提出恰当且尖锐的问题，不会通过急着在销售的早期阶段就提出解决问题的方案，从而展现出自己的能力。

他会与客户一道认清面临的问题，讨论这些问题可能带来的后果，并愿意一起去解决这些问题。他擅长在说话前认真聆听。因为他愿意投入时间去了解客户最看重的决策标准，所以能够以最大的利润去完成合作。

缺乏这种能力的销售员很容易在认真聆听前就采取行动，他们缺乏足够的耐心。当客户说出了某个问题，缺乏冲动控制能力的销售员就会立即进入到解决问题的"笼子"里，希望能尽快地为客户的问题提供解决的方案。对销售员来说，这不是他第一次听到客户谈论这个问题，因为他的公司每天都能够帮助客户解决相同或是类似的问题，所以他不愿意投入更多的时间，有时甚至根本不愿意花时间提出充分的问题，去了解这对客户以及其组织在经济与策略层面上所带来的影响。

我们需要掌握管控立即向客户提出解决方案的冲动的能力，这种能力是与我们的情商自我察觉存在联系的。愿意花时间去思考与审视他们在销售过程中行为表现的销售员，可能发现自己通常会陷入到"留意购买信号"的陷阱当中。很多销售员在接受培训时都会被灌输要留意客户的"购买信号"的观念。这些购买信号其实就是客户与销售员在会面时分享自己面临的挑战。但问题出在销售员听到客户谈论这些问题时往往会感到非常兴奋，他们会立即顺着这种"购买信号"的方向前进，根本不知道客户面临的问题可能是非常严重或是太大了，根本不是销售员所能解决的。他们也不敢肯定客户是否愿意花时间与金钱去做出必要的改变。

# 2. 运用"3W"法则

当客户做出这样的表态："我们需要解决服务存在的问题"或是"我们需要不断改进，才能领先于我们的竞争对手。"时，其实就为我们敞开了一扇门，让我们的情感可以对他施加影响。在销售过程中运用的方法，很容易会因为我们的粗心大意而出现差错。我们没有提出充分的问题，没有将正确的问题或是棘手的问题说出来。为了让我们的客户能够离"购买信号"更远一些，我们教导销售员如何运用"3W"法则。当客户说出了他面临的挑战或是问题时，你就可以通过提出下面几个问题去放慢销售的脚步。

第一个W：为什么（Why）

销售员应该提出的问题就是：为什么这算得上是一个问题？你可能并不知道这其中的原因。你可能只是根据与其他客户会面的经验去判断这位客户面临的问题，这是你所能做的全部了。你可以做出一些假设，但这些假设并不是帮助你与客户达成合作协议的有效方法。比方说，某位客户与我们说了他为无法找到优秀的销售员而感到苦恼。客户的这句话并没有告诉我们选择与雇佣销售员会变成一个问题的原因。是因为周转周期过长影响到他的业务？还是因为他需要让公司壮大，从而吸引更多的投资者？虽然每一位客户的问题听上去都是差不多的，但背后的原因却是很不同的。

第二个W：什么（What）

接下来要提出的问题就是要发现客户提出的问题所带来的影响。这个问题对组织会产生怎样的影响呢？难道他们公司正在失去客户吗？难道是这个问题影响着公司的声誉吗？难道他们公司将愿意为加班的员工付出更多时间，从而解决这个问题吗？你可以通过指出这个问题在某些方面带来的特定影响，从而发现你想要的答案。比方说：这个问题会对客户在经济层面上带来什么影响呢（这个问题会让顾客付出多大的经济成本呢？）？这个问题会对客户在策略层面上带来什么影响呢（难道他们无法在有利的市场环境下成长吗？这会影响到该公司的全球化扩张策略吗？）？这个问题对客户个人会带来什么影响（你的客户是否正面临着严格的考验？他的工作是否因此而受到影响？）？

当你发现了这些问题的答案，那么砍价的会谈就开始变成价值导向的会谈了，因为你可以帮助客户发现选择合作或是不合作所带来的后果与影响。

第三个W：什么（What）

第三个问题同样也是关于"什么"的问题——这个问题会将第二个的"什么"问题提升到一个全新（有可能是之前没有想到）的层面上。也就是说，客户面临的问题可能会衍生出其他许多问题！要是客户不去解决问题的话，这会对未来造成什么影响呢？这个问题会变得更加严重吗？一年后这个问题会变得更严重吗？这个问题会严重到足以将他们的公司拖垮吗？

下面几个例子就是阐述如何运用"3W"销售技巧的。

客户："我们的营销策略需要变得更加进取，因为我们正在竞争中不断失去业务。"

销售员："这肯定让你们感到很沮丧。你们现在的营销策略出现了什么问题呢？你想象中的理想情况有哪些在现实中没有出现呢？（即为什么他们的销售策略会成为一个问题？）"

客户："我们其实创造出了很多机会，但这些都是不适合我们的机会。"

销售员："没有找到符合资格的客户给你们公司带来了什么损失呢？你们

的销售额越来越少吗？因为你们没有吸引到那些基于价值取向的客户，所以才被迫降低价格吗？（这个问题产生了什么样的经济影响？）"

客户："我们其实得到了很多订单，但问题出在这些订单的利润空间太低了。我们至少需要得到30%的利润空间，而现在还不到15%。"

销售员："如果你们不解决这个问题的话，会出现什么样的情况？（如果你们安于现状，这个问题会给公司的未来带来什么影响？）"

客户："我们准备解雇一批员工，我真的不想这样做。我在这里有很多优秀的同事，解雇一批员工也会让我的工作时间比现在更长。（这个问题对客户的个人影响就展现出来了。）"

"3W"法则可以帮助你提出一系列问题，从而认清客户的问题以及不解决这些问题可能带来的后果。这个提问的过程会让你的客户思考他们独特的需求，回答一些不容易回答的尖锐问题。在说话与解决问题的过程中要始终控制你的冲动情绪。多点听，少点说。

**情景分析**

我们的一个IT咨询客户就在运用"3W"法则上做得非常好。当我们的客户与一家成长迅速的公司的首席信息官会面时，他们就首先谈到了他所在的IT部门遇到的各种问题。其中一个问题就是很多高薪的员工平常都要忙着处理各种小事。要是他的销售团队知道造成这种情况的原因，那么事情就好办很多。我的这位客户没有先入为主地进行假定，而是让这位首席信息官说一下为什么这对他而言是一个问题。首席信息官说，他的团队没有执行"白板"这个策略性的项目。当他们知道了其中的原因后，我的客户急需询问一些问题，帮助这位首席信息官认清这个问题所带来的影响。最后，他们计算出了每个月花在内部事务以及相关薪水方面的金额。我的客户询问有关这个问题对未来的影响，谈到如果这些策略性的举措因为员工们的抵触情绪而得不到执行的话，会带来什么后果。此时，那位首席信息官意识到自己的公司会失去客户，落后于其他竞争者，这反过来又会严重影响他们吸引客户与得到全新机会的能力。

运用"3W"法则最后得到了回报。这位首席信息官决定将信息部门的部分工作外包给我的客户，达成了价值250000美元的合同。

# 3. 询问：引导客户审视自身的状况

几年前，一位客户询问我是否愿意组织一次外出静思会。我觉得，按照这位客户对静思会的理解，负责组织的人应该选择那些擅长策略管理咨询方面的人比较好。于是，我推荐了我的一位同事。几天后，我询问这位客户静思会的情况。此时，客户停顿了许久（这从来都不是一个好兆头），然后回答说："马马虎虎吧。"当我继续追问的时候，他表达了失望之情。

他说："科林，我不介意与销售员或是咨询员会面，但我真的在意浪费时间啊。当我与某人会面的时候，我希望他能够提出好的问题。这种问题能够让我伤透脑筋去思考，但你的同事没有做到这点。"无需赘言，我的同事没有得到他的青睐。

我的客户说的那段话很好地总结了一点，就是忙碌的客户总是在找寻着优秀的销售员与咨询师。他们希望自身的思想与行为方式能够得到全新的"洗礼"。他们在日常的工作与生活中已经听到了太多的"肯定"回答了，所以不想继续举行一次平平淡淡，说些"你好"的会面。

除了上面提到的"3W"法则之外，下面还有几个问题也可以帮助你更好地提出让客户伤透脑筋的问题。

• 如果这个问题得不到解决的话，谁将会失去工作？

• 你是在找寻一个快速的解决方法，还是想从根本上做出改变呢？

• 如果你失去了市场份额，想要从你的竞争对手那里重新赢得客户会面临着多大困难呢？

- 袖手旁观会造成什么损失？难道你最大的竞争对手也会袖手旁观，还是会变得更加进取呢？
- 谁阻挡着你做出改变的步伐？
- 就责任承担与执行方面的角度去看，你对你的公司做怎样的评价呢？

优秀的销售员会提出让他们客户认真思考的问题，让他们能够从不同的角度去思考问题。他们并不害怕提出尖锐的问题，因为他们知道优秀的客户会理解销售员让他们伤透脑筋的原因。

# 4.询问：让客户找到"病症"所在

销售这一职业涉及心理学上的知识。心理医生都接受过深入广泛的心理学训练，从而能让他们认清病人提出的问题其实并不是他们真正面临的问题。比方说，某人因为内心压抑，于是与心理医生约好了见面的时间。这其实就是病人提出的问题，但这并不是问题背后的真正原因。

一旦心理医生开始提出问题，他与病人就会发现，造成病人内心压抑的原因是病人没有能力去处理各种冲突。当心理医生了解到真正的原因之后，就可以提出正确的解决方法：帮助病人提升管控冲突问题的能力。

相同的情形也出现在销售行业里。你的客户提出的问题通常也不是他们面临的真正问题。优秀的销售员会意识到这点，接着运用解决问题的技能，去发现背后真正的原因。解决问题是我们找寻解决问题之道的一种能力，而情感是牵涉其中的（如果你拜访一位面临着真正挑战的客户，那么这件事本身就带有一定的情感色彩。）。这就需要你在提出好问题时做到自律且具有方法，而不是让情感将你牢牢控制，让你在会面时过早地提出解决问题的方案。提出问题可以帮助你更加全面地看待客户提出来的问题，从而看清楚客户真正面临的挑战。

到了给客户推荐解决方案的时候，你的方案就会刚好正中客户的心意，因为你已经花时间去了解他所面临的真正问题与挑战，所以提出来的方案也是非常具有针对性的。

这是我们在工作中遇到的一个例子。我们经常听到有人说："我的销售团队不懂得去开发客户，我们需要帮助。"要是我们只是提出几个问题，就立即进入解决问题的模式中去，那么这对我们来说是相对容易的。但是，我们没有单纯停留在表面的问题上，而是运用我们解决问题的技能，提出了三个有助于我们发现客户面临的真正"挑战"的问题。

1. "你的销售团队不懂得开发客户，还是他们开发客户的效率太低了？"因为他的销售团队可能非常勤奋地工作，所以真正的问题可能是因为缺乏必需的销售技能：他们不知道如何有效地找到推荐客户。如果情况是这样的话，那么问题的解决方法就不是让销售团队更加勤奋地工作，而是在于帮助他们变得更加聪明。

2. "你的销售团队里都是适合从事销售的人吗？"如果你的团队里都是一群不适合做销售的人，那么多少销售培训都是没有作用的。这可能就涉及招聘的原因，而不是开发客户的问题了。更好的解决方法可能是帮助他们建立一套更高效的招聘与选人制度。

3. "你们有没有落实问责与追踪制度呢？"如果没有任何衡量业绩的标准，那么客户就需要花时间去建立一套销售管理训练制度，而不是开发客户的培训制度。缺乏问责的制度是领导的问题，而不是一个销售问题。

你可以提升自己的能力，更好地了解客户面临的真正问题。运用这种解决问题的软技能。掌握提出有效问题的系统性方法，能够帮助你从全方位的角度去看待业务挑战。提出更好的问题往往能够给你带来更好的解决方法。

# 5. 询问：诱导客户的潜在需求

了解客户面临的真正问题与挑战是不够的。为了节省宝贵的时间，你还需要知道客户愿意解决这个问题的决心有多大。我们都会教导我们的客户不要轻易相信他们客户所说的话——当然，这是以非常友好的方式表示出来的。

这并不意味着你的客户是在撒谎，只是意味着销售员必须要更加擅长收集"证据"，以便了解客户做出改变的决心到底有多大。我们经常看到一些销售员轻易地相信了"购买信号"，接着就写了风险评估报告，最后客户只是淡淡地说："我们应该将这个问题放在次要位置。"客户之所以做出这样的回应，是因为销售员没有在会面时提出尖锐的问题，不知道客户是否真的下定决心去做出改变或是提升。

你是否跟你朋友说过自己要减肥，吃的更好一些，睡得更多一些呢？你现在是否还在这样想，但却从来不到健身房的跑步机那里跑步呢？你是否还在买薯条吃，莫名地希望这些食物制造商会成为四大主要食物集团呢？你是否还在继续看着深夜秀，第二天被闹钟吵醒时感到疲惫不堪呢？

当你跟朋友说了你要健身的计划后，你是不是在撒谎呢？不是的，你只是讲述自己的一个愿望，这并不一定代表着你想要做出改变的决心。

你的客户也是如此。很多客户表达出他们的愿望或是希望，而销售员则傻傻地认为自己找到了适合的客户。他们对此感到非常兴奋，也不再深入地提出问题，不去了解客户对实现目标或是战胜挑战等方面的决心程度。

心理医生也深谙这个原则。一位优秀的心理医生知道，要是病人不愿意展现出改变自身行动与举止的决心，那他是无法给出任何解决方案的。让我们看一下这种情况：当某位医生失去了耐心，没有对病人的病情进行深入的诊断，就开出了药方。这会造成什么后果呢？

当病人与心理医生会面的时候，心理医生问："你今天有什么事吗？"病人立即说出了自己面临的问题。"医生，我有一个无法控制愤怒的问题。昨天，我回到家的时候，一脚踢了我的狗，因为我在工作上很不顺心。接着，我坐在沙发上，喝了一夸脱的啤酒，吃了一大包薯条。我睡在沙发上，今早醒来时觉得脖子上出现了疼痛痉挛的症状，这又是糟糕的一天！"

于是，心理医生急着展现出他的专业技能。这不是他第一次遇到这样的病人了。"鲍勃，让我们慢慢来，一次只解决一个问题吧。首先，这是一名优秀兽医的名片。他可以帮助你的狗治疗一下。接着，我要给你一张本地的AA组织的名片。他们会在每周一与周三上午九点会面。你很走运，因为在会面之后，就是'减肥组织'的会面。你可以在参加AA会面之后接着参加减肥组织的会面。我想这可以帮你解决狗、酗酒与暴饮暴食的问题了。还有什么问题吗？"

难道鲍勃真的要改变过往长期的生活方式吗？不是的。这位心理医生在没有提出充分的问题之前，就直接进入了解决问题的模式。他没有提出尖锐的问题去分析鲍勃愿意做出改变的决心到底有多大。

现在，回到销售的世界里。比方说，客户对你说了一个问题："我们现在的供应商存在着产品质量的问题。我们需要做出改变。"高效的销售员就能管控自己的情绪，认识到客户只是在做一个陈述，而没有表明愿意做出改变的承诺。所以，销售员不会单纯地认为客户想要做出改变，而是会提出更多问题去检验客户是否真有做出改变的决心。

"你已经与这个供应商合作了十年之久了，这个产品质量的问题是否严重到足以让你停止与他合作呢？对方是否展现出足够的诚意去解决这个问题呢？"优秀的销售员会提出问题，让客户向他证明是否真的愿意做出改变，而不是想着去写评估报告之类的东西。

培养良好的思维习惯，不要轻易相信客户说的话。这将有助于更好地管控自己的情绪，提出正确的问题，从而发现客户愿意做出改变的诚意。这可能听上去有点奇怪，但一些客户与销售员见面只是为了发泄或是发牢骚而已。千万不要将他们的抱怨与愿意投资与改进的承诺混淆了。

# 6. 询问：让你的客户心甘情愿地掏钱包

销售员在销售会面上没有提出足够的问题，因为客户已经在表达了第一个反对意见时就做出了逃避的反应。销售员开始对此做出反应并且提出问题，但这样做却没有作用，因为客户已经说了很多话了。下面是几种可能会触发销售员做出抵抗或是逃避反应的情形。

客户："我不知道贵公司是否能够解决所有这些问题。"

销售员："我们的公司有一批专业的专家团队，成立的时间已经超过50年了。（接着，销售员继续口若悬河地说自己的公司多么厉害之类的话。销售员陷入一种"辩护与证明"的模式当中，想要努力地为达成销售合同而做出一番"抗争"。）"

客户："我们不知道现在是否是推动这个项目的合适时机。"

销售员："没事。我会在未来几个星期内给你电话的。（销售员陷入了逃避模式当中，将客户置身于未来的销售渠道里。他没有提出一个关键的问题："那你觉得什么时候是合适的呢？"）"

机敏的销售员会立即意识到潜在的触发点，成功地管控好自身的情绪，运用我们称之为"认同与联合"的技能。当客户表示反对意见的时候，我们要避免做出一味反驳的反应，因为这只能将我们推得离客户更加远。相反，我们应该同意客户提出的反对意见，证明他的立场是正确的。当你采取认同与联合的策略时，那么这就不会触发你的抵抗或是逃避的反应。

认同与联合的策略其实属于"切断模式"的一种类型，这是神经语言编程学中经常使用的一个交流工具。在销售会面上，运用这样的一种技能可以有效地让你与客户避免做出"膝反射"的防御机制与固定化的反应。这样做其实就是出乎客户原先的预料，也能帮助你改变自己做出的反应。你不会陷入到抵抗或是逃避的模式当中，你可以为接下来的谈话与提问留下更多的空间。让我们看看这种技能是如何改变一场销售谈话的气氛的。

客户："我不知道贵公司是否可以解决所有问题。"

销售员做出表示同意的姿态："你知道，我同意你所说的话。我也不知道我们的公司是否能够帮忙解决所有问题。让我们谈论一下你想要找的某个具体答案吧。然后，我们就可以看看我们的公司是否可以帮你找到合适的解决方法了。"

客户："我们不知道现在是否是推动这个项目的合适时机。"

销售员做出表示同意的姿态："也许现在的确不是合适的时机。为什么我们不讨论延迟这个项目的利与弊呢？然后，你与我就能够决定什么时候才是最适合你们公司的时机。"

同理心与自我察觉的能力对展现这种强大的销售技能是非常重要的。首先，你必须要意识到自己即将要陷入到抵抗或是逃避的模式里去。然后，你需要努力表现出自己的同理心，站在客户的角度去看待整个问题。当你将同理心表现出来之后，就可以很容易赞同客户的话，证明他所持的立场是正确的——因为你真诚希望知道客户的想法以及这些概念到底有什么支撑的根据。

《纽约时报》专栏作家托马斯·弗里德曼在马萨诸塞州威廉镇的威廉学院的毕业生演说上，分享了这样一段睿智的话语：

　　当你与持不同意见的人在一起交谈时，只要你能够展现出对他们的尊重，认真聆听他们的话语，分析他们的话语是否有道理，那么你就能继续与他们交谈下去。此时，只要当你说出诸如下面的话语"你的观点很合理"或是"我认真聆听了你的观点"时，你会惊讶地发现，一群原本愤怒的人会变得柔和起来。永远不要低估他人对你认真聆听他们说话时的感受。当你认真聆听了他们的话语，那么他们也会认真聆听你的观点。

销售员根本没有必要去与客户或是顾客针锋相对。做一些出乎客户意料之外的事情，反过来证明他们的观点是正确的。当人们觉得他人认真聆听自己的观点，那么他们就会降低对你的防御姿态，更加愿意投入到与你的会谈中去。这给了你提出更多问题的机会，让你可以了解他们面临的处境，发现什么对他们来说是最为重要的。

# 7. 提升你询问技巧的有效步骤

缺乏高效提问与聆听能力，也许是与我们合作过的绝大多数专业销售员面临的头号问题。正因为这方面的能力没有得到培养，所以不少销售员都无法发现客户真正面临的挑战，最后他们在会面时说了太多不该说的话，写了不符合要求的建议书，或是在价格上遭到对方疯狂的砍价。下面四个步骤可以提升你的询问能力，增加你的收入：

1. 认真审视你约定销售会面的过程。

2. 多问，少说教。

3. 考验客户愿意做出改变的决心。

4. 了解客户的故事。

## ◆ 第一步：认真审视你约定销售会面的过程

将第五章的内容重新复习一遍，确保你约定销售会面的目的，是为了咨询与了解客户，而不是为了推销产品。如果你没有为会面设定一个清晰的期望，那么你可能就不会提出充足的问题去更好地了解客户面临的挑战，那么你在本章里所学到的知识就无法得到运用。如果你做不到的话，那么客户很可能会将你逼到一个不那么舒适的位置，让你根本没有机会去充分了解他所面临的问题。

## ◆ 第二步：多问，少说教

在每次销售会面之后，都要用笔在纸上画一个圆，将你用于说话以及客户说话的时间按比例划出来。如果你说话的时间占据会面时间更大比例的话，那么这肯定说明你更多的是在说教，而不是在询问客户问题。也许，客户会对你感到无比厌烦。当然，在这种情况下，你是不可能真正了解客户的故事的。

认真分析与理清到底是什么情况让你在会面时说那么多话。到底是客户的什么话语触发了你的情绪，让你无法管住自己的嘴，忘记了要认真聆听的道理呢？

• 你是缺乏耐心，还是只想要直接给客户提出解决方案呢？

• 你认为在没有得到关于客户做出改变的充分证据前，轻易相信客户的话是对的吗？

• 你有没有陷入到抵抗或是逃避的模式当中？

一旦你找到了情感触发点，就要制定一个策略去阻止自己做出自然反应，从而远离这个触发点，改变自己的行为。你可以给自己提出"为什么-什么-什么"这三个问题：客户为什么这么在意这个问题？我真的知道这个问题会对客户当前的处境造成什么影响吗？如果客户现在不解决这个问题的话，我知道这个问题会在日后产生什么影响吗？

管控你的抵抗或是逃避的反应，认清客户的反对并不是一件坏事。事实上，当客户愿意主动说出自己的忧虑，这对销售员来说是一件好事。这意味着他们愿意以开放的心态去面对你，而不是将自己的想法隐藏起来，不让你知道，从而让你根本没有机会去全面地了解他所面临的问题与挑战。

#### ◆ 第三步：考验客户愿意做出改变的决心

优秀的销售员只愿意在面对最佳机会时投入时间与精力。他们习惯了询问客户就解决问题或是挑战方面所具有的决心等级。要是客户都没有愿意解决问题或是挑战的决心，那么这个销售过程也没有必要继续下去了。

在销售会面上提出有质量的问题："某某先生，每个公司都会有很多优先要做的工作。按照1~10的比重去衡量的话，这个问题在你优先解决的名单中处于什么位置呢？"如果客户说这个问题的比重只有5，那么你可能需要终止这次会面了，因为这个问题是属于暂时不需要解决的问题，而非一定要解决的问题。合作是一条双行道，你有权利只与那些决心做出改变与提升的客户进行合作。

#### ◆ 第四步：了解客户的故事

当人们想要了解你以及你的目标时，这会让你产生一种自己非常重要的感觉。你的客户与你在这方面都是一样的。你可以约好一次会面，怀着一个单纯的目的，那就是要了解客户的故事。当你与客户坐下来交谈时，要假装自己是来负责帮他写个人传记的。尽可能收集更多的事实、数据以及个人的故事，千万不要急着去写最后的结局。

美国前总统卡尔文·柯立芝[1]的一句话可以很好地总结这一章的内容："任何一个人都不会因为懂得聆听而失去他的工作。"

---

[1]小约翰·卡尔文·柯立芝（John Calvin Coolidge, Jr., 1872—1933年），美国第30任总统。

# 第七章：
## 怎样顺利搞定对方能拍板的人

当乔布斯成为历史，马云变成过去，李嘉诚不再有，你是否想超越他们成为另一个奇迹？当今信息时代，销售的定义被广化，如何最大化销售成功率，只需要你自问：你在与无足轻重的人会面吗？你提出正确的问题了吗？你准备好与决策者会面了吗？了解销售中的情商应用，你就会脱颖而出！

你是生活在城市、郊区还是乡村呢？无论你选择居住在哪里，都会有很多事情影响着你的决定。也许，你希望为孩子找一个更好的学校。也许，你希望住在一个有大后院的家里，可以在夏天的时候烧烤或开展朋友聚会。或者说，你认为最重要的因素是拥有一处房产，里面有很多房间，可以让你的小狗到处奔跑。无论你做出的选择是基于什么考虑，你隔壁的邻居选择在这里居住时考虑的因素都很可能与你是完全不同的。

相同的决策过程同样也出现在日常的工作里。不同的人在购买你的产品或服务时都会做出一番选择，而每个人在做出购买选择时的标准也是不一样的。无论是个人还是企业在购买产品时都有他们的理由，这些理由可能与你的完全不一样。所以，当你试图去引导一家公司的决策过程时，也必须要明白这个基本的原则。

销售员会研究客户的公司组织架构表，认清这个组织内各个部门对购买决定所产生的影响。对所有的买家来说，他们都非常强调通过会议的方式去决定是否做出某个选择。销售员会认为销售策略与方式只是为了能够更好地赢得客户的好感，最终达成交易。他们会将这个过程视为一步步完成计划，将客户装进一个精美小盒子的过程。客户就是诸如经济购买者的人（可以签支票

的人）、用户买家（使用你的产品以及得到你服务的人）以及大买家（那些大
老板）。

既然经过了这么多研究与事先计划，为什么还有那么多销售员最后只能与
非决策者会面，陷入到销售的"死胡同"呢？或者说，如果他们成功地与合适
的买家进行了会面，为什么他们最后还是输给了一个没有提出比他们更好解决
方案的竞争对手呢？

主要有几个原因。大多数销售员在按照既定策略去参加会面时，都忽视了
在面对机会的时候运用软技能。比方说，客户公司的组织架构表上其他人的个
性或是心态是如何的呢？这个人会做出怎样的个人选择呢？为了更好地与他们
进行沟通，你需要做些什么或是说些什么呢？

你可以根据他们的职位去进行假设：比方说，首席财务官通常被我们称为
经济买家，他肯定会更加注重投资的回报率。首席执行官则是那种典型的大买
家，他会专注于对方提供的服务是否能够帮助企业成长与发展这个问题。但对
销售员来说，最为重要的是要摆脱这种常规的看法。

一些人在做出决策时会更加考虑降低风险。而其他人则愿意做出具有风
险的决定，希望尝试一些全新的策略。还有一些人做决定的时候非常迅速，而
一些人则需要时间去认真思考与分析。你面临的客户可能都有首席执行官的头
衔，但每个这样的人都会有不同的决策方式。单纯研究对方的组织架构表并不
能帮助你赢得客户，除非你懂得如何去阅读不同的买家，并与他们建立联系。

另一个通常被人忽视的原因，是在面对销售会面时的各种影响购买的因
素时，不懂得保持自我肯定所具有的重要性。你知道应该去与许多潜在的客户
进行会面。既然这样，为什么你就不能这样去做呢？如果你无法得到需要的帮
助，从而开展业务的话，那么多少的事先计划都无法帮助你与客户达成合作协

议。这就是以错误的方式去解决问题的一种经典情形。

让我们看看，想要了解客户的个人与企业的决策标准，需要运用哪些软技能。你可以在之前的章节里学习到这些情商软技能：自我察觉、人际交往能力、自我肯定、自尊心以及延迟满足等。这些技能在帮助你处理不同客户传递出来的购买影响时产生的重要作用。

# 1. 人们是怎样做决策的

销售培训项目通常过分专注于理清客户组织架构表上的各种购买影响。培训销售员的导师很少会谈论到这些被贴上标签或是头衔的背后的人，每个人都有他们各自处理信息与做出决定的方式。理清购买影响是一回事，了解如何去联系与维系客户，从而了解他们做出决策背后的动机则又是另外一回事。

个人交际技能在这个销售阶段是最为重要的。优秀的销售员有能力去与各种人，而不是与单纯喜欢他们的人能建立联系。当你面对的是大客户时，肯定是要与很多决策者去进行会面、沟通与相互影响的。

为了能够更好地了解到底是谁做出最终的决定，我们可以采取"DISC"的沟通模式，这将帮助你认识到客户是如何以个人的风格去进行沟通与做出决策的。如果你不清楚到底跟谁打交道，那么客户很有可能就不会再与你联系，因为你没有能力去阅读他们的想法，调整销售策略。

我们教导这种沟通模式的一个目标，就是提升销售员的洞察力，让他们知道如何去对某些沟通方式进行反应。当你对会面的人有了更深入的了解后，那么你就越不会做出某些无用的销售行为。

威廉·莫尔顿·马斯顿博士也对这种沟通模式赞许有加。在他的著作《正常人的情感》[1]里，就用描述性的语言勾勒出了一个人可观察的行为以及这些行为所代表的特征。比方说，某些客户在与销售员会面时，喜欢听到很多细节与数据方面的内容。而另一些客户则专注于研究图表与数据。具有情商的销售

[1]劳特里奇出版社，1999年初版，库珀出版社2007年再版。

员始终都在找寻着各种线索，去了解客户喜欢怎样的沟通以及决策方式。

马斯顿博士的研究将人分为四大类，这是基于我们常说的"个性类型"去进行特定区分的。这四种典型的类型就是：

- 强人领导型
- 诱惑影响型
- 稳定相交型
- 深思熟虑型

成功的销售员会在事先的准备工作中，对客户进行分析。当他们对客户有了额外的认知之后，就可以更好地了解每个人在决策过程的内容、原因以及行为。

## ◆ 强人领导型

**特征：**强人领导型的决策者在第一次与销售员会面时，不愿意投入更多的时间去交流。他们寒暄问好的时间不会超过两三分钟，接着他们就会变换肢体动作，掌控整个会面，直接进入到正事。

这里就有一个问题。销售员觉得应该首先要与客户进行轻松愉悦的谈话，以便增进彼此的和谐关系。但他们不知道的是，一些客户根本不理会这一套。当销售员还是用往常那套说话方式去套近乎的时候，强人领导型的客户就会感到不屑，在尚未进入正题前就结束了这场会面。

强人领导型的客户带有很强的进攻性，喜欢参与竞争，希望能成为最后的胜利者。他们的行为方式更加直接，是以结果为导向的。这种人愿意接受新思想，因为这能帮助他们在商界里赢得客户，将他的部门或是公司带到一个全新的成功高度。这种客户不会过分纠结于细节，做出决定的时间也很短。他们希望能够对事情有一个大概的了解，而不拘泥于每个细节。

**如何与这种个性类型的人沟通与进行销售工作**。不要说些无谓的话，而要直入主题。这些客户在公事谈完之后通常都会说些个人的事情。这时，你要做好被他质问的心理准备，因为这种个性的人喜欢找寻答案，不愿意浪费时间。

很多强人领导型的客户都会给销售员带来一种恐惧感，因为他们直接甚至是粗鲁的行为风格会让销售员很不适应。此时，正是自我察觉这种软技能派上用场的时候了。你要认识到客户直接的沟通方式可能会让你陷入一种抵抗或是逃避的模式当中。你可能会对这位客户采取一种防御的姿态，试图说服他。或是你在销售过程中显得非常急迫，没有提出充足的问题，因为你急着想要离开这里。当你感到慌张的时候，就会错过了解客户关键信息的机会，从而无法提出更好的解决之道。你的竞争对手可能就很好地控制了自身的反应，提出了正确的问题，从而找到更好的解决之道，最终击败你。

管控你的情感反应，认清这些客户谈话的底线，要知道他们这样做并不是针对你个人的。

几年前，我第一次与这种类型的客户见面。丹是一位成功务实的公司老板。在我们聊得正开的时候，他突然耍了一个把戏，向我提出了一个直接的问题："你还好吗？"可能会有销售员将之视为一个危险的信号。但是，我知道自己面对的是一位强人领导型的客户，就没有做出什么特别的反应。我停顿了一下，回答说："是的，我很好。"这就回应了他的问题，然后之前的谈话得以继续下去。最后，我们达成了合作协议，会谈始终都是非常直接与务实的。

优秀的销售员会事先准备好一些问题，从而与这种类型客户的沟通方式以及决策标准形成一致，比如：

• 你希望这个项目取得什么具体的结果吗？

- 这会让你的部门/公司在市场竞争中处于怎样的位置？
- 谁是你们最大的竞争对手，他们现在在做些什么呢？
- 你们公司的成长计划是什么呢？你们是按照计划发展还是落后于计划呢？
- 影响你们公司发展的最大障碍是哪些人与事情呢？
- 最后，你最想要实现的三件事是什么呢？

注意，上面的这些问题都是以结果为导向而提出来的，旨在将谈话提升到另一个高度。

◆ 诱惑影响型

**特征：**诱惑影响型的人通常都是性格外向的人，他们喜欢与人交谈，说笑话，一般都是值得信任与乐观的人。这种类型的人往往会受到他人认可与自身地位的驱动，喜欢新思想与新产品，决策非常果断且具有冲动性。他们通常不会考虑达成交易会给自己带来怎样的弊端。

**如何与这种个性类型的人沟通与进行销售工作。**销售培训师喜欢提出这样的问题：要是一个诱惑影响型的销售员与同样类型的客户会面时，会产生什么结果呢？回答是——什么结果都不会有。因为他们在正常会面时都聊得非常开心。销售员通常会为客户的热情所感染，忘记了自己参加会面的真正原因：那就是过来做正事的。增强你的情感自我察觉能力与管控自身情感就变得非常重要。在与这种类型的客户见面时，要确保与他们建立良好的个人关系与工作关系。

强人领导型的销售员通常会疏远诱惑影响型的客户，因为这与他的沟通风格是相反的，所以会忘记了与这种类型的客户进行有趣对话的重要性。这样的销售员在屁股都还没坐热的时候就进入正题，这削弱了客户对他的好感度。此时，销售员应该认真观察，运用同理心技能更好地阅读客户的想法，调整自己的沟通方式，知道什么时候应该聊天，什么时候应该谈生意。

了解到这种客户具有冲动性的决策风格是非常重要的。相比于其他类型的客户，这种客户更需要销售员向他们提出问题，从而帮助他们看清楚购买这种行为带来的利与弊，从而防止他不会为购买的行为感到后悔。

当客户在销售初期阶段对你的产品表现出浓厚兴趣，最后却没有表达购买的愿望时，你可能会感到疑惑不解。这是因为这种类型的客户表现出来的热情让你相信你们可能会达成合作协议。你在甄别客户的过程中工作做得比较马虎，没有提出正确的问题与棘手的问题。

当销售员提出一些尖锐问题，"你觉得……"或是"你认为……"与"要是……那会怎样"，客户做出了回答时，你才可以肯定客户是有购买意向的。销售员应该在会面过程中就提出这些问题，否则等客户产生其他想法或是提出其他问题时——你就无法进行应对，那么销售就可能陷入停顿。

在与这种类型的客户会面时，你需要管控好自身的情绪，特别是你的乐观情绪，不要被客户的热情过分感染，而忘记了自己的本意。

优秀的销售员会为客户准备以下这些问题的：

• 这个决定会提升你在公司/部门的地位吗？

• 我们该怎样做才能让你的业绩更好一些呢？

• 让我们看看这样做的弊端吧。要是达成合作的话，会带来哪些挑战与问题呢？

• 如果你不去解决这些问题，会给你的组织带来实质性的影响吗？

• 关于投资回报方面，你还有什么问题要提出吗？

专注于找寻客户愿意做出改变或是购买的证据，而不是单纯为了获得乐趣而向客户提供你的产品与服务方面的信息。在销售会面上提出尖锐的问题，在你们达成合作协议之前，要防止客户出现反悔的情况。

### ◆ 稳定相交型

**特征：**稳定相交型的人是性情随和的人，他们一般都比较有趣，容易与人相处。这种类型的客户在会面时一般都是处于放松与真诚的状态。通常来说，他们会在会面上，首先问你是要喝水还是喝咖啡（强人领导型与诱惑影响型的客户根本不会想到你是否需要喝水，因为他们都忙着谈论事情。）。

稳定相交型的人是非常好的团队工作者，无论是帮助内部客户还是外部的客户，只要能为他们提供服务与帮助，都会让他们感到非常高兴。这种人是非常忠诚的，但也是一把双刃剑。他们是非常好的客户，因为他们非常忠诚。他们同样也是非常难缠的客户，因为他们忠于已有的业务关系，所以你很难去对此进行改变。他们购买的步伐是缓慢的，相比于强人领导型与诱惑影响型的客户都要更加具有方法与条理。

**如何与这种个性类型的人沟通与进行销售工作。**首先，你必须要放慢自己前进的脚步，在谈论产品与服务之前，与他建立好关系。你可以提出一些关于他的家庭与个人兴趣爱好等问题，了解他们是如何从事这个行业以及最喜欢工作的哪些地方。你需要站在他们的角度去思考，如何才能为他们的团队以及客户提供最好的服务，发现他们眼中的优质服务是一种什么概念，从而让你更好地按照这种思维去找出最适合他们的解决办法或是推荐方法。

千万要留意这些客户对创新产品表现出来的犹豫不定的神色。一些销售员之所以无法与这种类型的客户达成合作协议，就是因为他们将自己的产品说成是"市场上最新款最具技术含量的产品"。这些夸张渲染的词语可能适用于强人领导型与诱惑影响型的领导，但对稳定相交型的客户来说几乎没有任何作用。

因为这种类型的客户一般都很忠诚，所以了解他们已经建立的业务关系就变得很重要。一些销售员会跳过这个可能引发客户质疑的问题，担心这会让自己失去销售的机会。但是，优秀的销售员知道此时该展现出自己的同理心，肯定客户建立的这些关系是重要的。当你知道这种类型的客户会主动避免冲突时，那么提出这一可能招来质疑的问题就变得很重要，因为客户是不会主动去谈论这个问题的。有时，一些忠诚的客户会宁愿与服务质量较差的企业合作，只是因为他们希望避免冲突或是担心更换合作关系会带来诸多麻烦。

你可以向这种类型的客户提出下面的好问题：

• 你认为这款产品会给你的内部/外部客户带来什么样的帮助呢？

• 在你看来，优质的服务是什么样的概念？

• 对你来说，为什么优质的服务显得如此重要？

• 你不喜欢我们产品或是服务的哪些方面呢（你可以在提出这个问题前，事先说一句："我们知道世上是没有完美的。"从而让客户能够以更加轻松的方式去质疑你。）？

• 让我们谈论一下你已有的业务关系吧。已有的业务关系是非常重要的。你能够说一下你觉得变更这种关系会带来的最大问题是什么吗？

因为这种类型的客户很随和，不具有攻击性，所以销售员很容易将这场愉悦的会面视为找到了一个合适机会的征兆。你需要发挥同理心的技能，看看这种类型的客户是否表达出肢体语言，从而评估他们是否真的对你以及你的提议感兴趣。千万不要将客户的热情视为他们愿意做出改变或是购买行为的一种承诺。

◆ 深思熟虑型

**特征：** 最后一种类型的客户属于深思熟虑型的，这种类型的客户通常被称为"分析型的买家"。这种买家一般都会让销售员难以接近，因为他们通常以清高的形象示人。深思熟虑型的客户喜欢阅读数据，他们对数据的这种狂热让很多销售会面最终都以惨淡的结局收场，因为销售员根本没有事先准备好那么多的事实与数据。一些销售员试图伪造一般性的数据，最后却被客户发现。于是，客户就会问："你是从哪里得到这些数据的？"

这种类型的买家擅长批判性思维，所以他们会在销售会面的过程中提出很多尖锐的问题。他们喜欢按照数据去做出决定，而不是将一些"可有可无"的东西作为依据。这种类型的买家更加愿意阅读手册，知道如何运用与收集各种需要的信息。如果你是一位强人领导型或是诱惑影响型的销售员，那么你在向深思熟虑型的客户进行销售时会感到很困难，因为你本身缺乏这方面的兴趣与对细节的了解。所以，在面对这种类型的客户时，你要时刻保持警惕，做到准备，准备，再准备。

**如何与这种个性类型的人沟通与进行销售工作。** 这种类型的买家会提出很多问题去评估你的信用与你公司的信誉度。他们希望知道你进入这个行业的时间以及你都有哪些客户。一些没有接受过多少训练的销售员可能会觉得这些问题冒犯了他们，觉得客户质疑他们完成工作的能力。这样的问题很可能会让销售员进入抵抗或是逃避的模式，让他们感到非常紧张。最后，这样的销售会面就变成了一场推销产品的会面或是销售员无法继续销售的工作，无法想出一个好问题去转移原先的谈话方向，没有能力将客户的专注力转移到他的需求上面。

向销售员提出很多问题，这其实只是深思熟虑型客户处理信息与做出决定的一个方式而已。他们只有得到了关于销售员的信息之后，才会在销售会面时表现得舒适自在。

这种类型的客户同样喜欢销售员做出保证与担保。在他们进行购买的时候，一个重要的标准就是将交易的风险降到最低。深思熟虑型的客户还对产品与服务有着质量方面上的要求，所以你不要一下子就在价格方面上让步。即便是在你们刚开始谈判的时候，也不要轻易在价格上让步。因为在这些客户眼中，质量要比价格更加重要。

销售员可以向这种类型的客户提出以下这些好问题：

• 你在做出决定的时候，有没有特别要找寻的标准呢？

• 我应该将公司以及我个人背景的哪些信息提供给你呢？

• 在过去，当你购买某某产品时，你觉得哪五个标准是最重要的？又是出于什么考量让你将这五个因素排在选择过程的前列的呢？

• 产品与服务的质量在你的决策中占据着多大的权重？你是如何定义质量的呢？

• 你在寻求什么担保呢？

• 你对于接下来的行动最大的担心是什么呢？

这种类型的买家不会急于做出决定，因为他们高度依赖数据，希望按照数据做出正确的决定，以求达到完美。他们可以说受制于"数据依赖症"，通常都会要求得到更多的信息，从而保证自己有足够的把握去做出正确的决定。

与这种类型的客户打交道需要销售员拥有延迟满足的技能。这样的销售肯定不可能很快完成的，所以你必须要愿意投入时间与精力，才有可能最终从中得益。

那些习惯了即时满足的销售员在面对这种类型的客户时会感到非常沮丧，因为这种客户的决策风格是缓慢的。销售员有可能因为客户长时间的决策过程而放弃继续跟进的工作，或是决定投入到下一个客户的开发工作当中。而拥有延迟满足技能的销售员则能够赢得最终的销售，因为他们知道这种类型的客户的特点，知道销售的过程肯定是会耗费较长的时间，他们愿意收集更多的资料去实现最终交易的结果。

**情景分析**

我们的一位客户是从事金融规划行业的，他对我们说，他有三位客户因为现有的金融规划公司在投资组合方面的回报率表现平平，所以表达过要找我这位客户所在的公司的想法。虽然他们三人对现有的投资公司感到不满，但他们最终却没有选择更换投资公司，这让我的客户感到非常沮丧。

在参加我们的培训课程，了解了四种类型客户的不同沟通方式之后，他发现之前那三位客户都是属于稳定相交型的，他们是非常友善的人，重视合作关系，不喜欢与原先的合作者产生冲突或是做出改变。我们教导他要给每一位客户打电话，肯定他们之前合作关系的重要性，重申忠诚的价值。我们还教导他要避免让客户处于潜在的冲突境地，而是让他们打电话给现在的投资公司，感谢他们多年的服务，然后向他们的客户解释说，他们已经准备与其他的投资公司合作。

这个客户笑容满面地参加下一场培训课，三个潜在客户中有两个客户已经成为了他的客户，并且将业务投放在他们的公司上。我们的客户得到了两位全新的客户，因为他懂得这些客户是如何做出决策的。他运用同理心的技能去肯定了他们的情感，同时也将更换原先合作伙伴的不好消息带来的负担，从他们肩上卸下来了。

你的人际交往技能是重要的，因为你可以运用这种技能向不同类型的客户进行销售的工作。要是我们能够向与我们相像的客户销售产品，那就会容易许多，因为我们不需要进行自我调整或是改变原先的行为方式。最成功的销售员就是那种有能力与各种不同个性风格的客户建立联系，并达成销售的人。

# 2. 你在与无足轻重的人会面吗

现在，你们已经知道坐在谈判桌对面的客户是什么个性类型的人，是时候确保你是在与那些能够做出决策的人会面了。我们听到销售员抱怨最多的，是在销售过程的决策阶段，他们却与一位没有决策权的人会面，或者说决策者无法亲临谈判现场。

这些陷入僵局的销售员通常都会花时间分析自己到底还缺乏哪些销售技巧，其实他们可能的确缺乏某种基本的销售技能，但我们发现缺乏诸如自我尊重、自我实现以及自我肯定的情商技能同样是造成这种局面的重要原因。

以往在学校里的经历以及销售经理给他们进行的培训，都让他们知道一点，那就是他们需要直接与"正确"的决策者会面，这样的决策者通常是对方的最高管理层。他们可以是首席财务官、首席营销官或是首席运行官。销售员知道他们应该找谁去做出最后的决策。既然这样，那销售员依然找那些低级别的人见面背后有什么真正的原因呢？

我们发现，很多销售员都会被对方的高管所吓倒。这就不是一个销售技能的问题了，这是缺乏自信的问题。缺乏自信会让你在与这些客户进行会面时，无法设定与管控自身的期望。

销售员似乎认为，这些客户每天醒来之后都是怀着要刁难销售员的想法的。他们的自我谈话或是内在的信念系统说："我并不值得。那个人比我拥有更加响亮的头衔，他们肯定会问我一些难以回答的问题，我也不知道该怎么去回答。"

在此，我们要告诉你一个好消息，就是这些买家通常都是非常忙碌的，他们根本没有时间专门去制订计划刁难你。高管层面的买家愿意与那些能让他们工作变得更加轻松的销售员合作。所以，你需要问自己一个重要的问题：在日常工作中，你有没有做一些可以给这位客户带来更大价值的工作呢？

吉尔·康拉斯，《速售》[1]一书的作者，在书中谈到了当代一些极为忙碌的买家。她在书中表示，虽然这些高管会与销售员会面，但是他们并不愿意浪费时间。他们提醒销售员不要说些客套话，而是直接开始"让我为你增加价值"的对话。

比方说，你知道怎样去阅读盈亏账目的陈述吗？如果不知道该怎么阅读的话，那你怎么可能与这些高管进行高质量的对话，又该怎样与这些一心想着如何提升利润的决策者去进行交流呢？如果你不知道如何运营企业或是一个部门的基本原则，那你又怎么可能发现潜在的问题，给予恰当的建议呢？你有没有阅读过商业出版刊物？有没有看过商界的书籍？如果你没有的话，那你又怎么能够与他们进行有价值的对话呢？要是你根本没有时间去充实自己与掌握知识，那你又怎么能够为你的客户提供深刻的意见呢？

此时，就是我们发挥自我实现情商技能的时候了。终身学习的销售员愿意花时间去学习与了解让他们变得更有价值的知识，从而为那些与我们打交道的决策者提供更多的价值。这些销售员每个月都会给自己提出这个问题：我是否比三十天前的自己更加聪明呢？我这个月学到了什么知识，可以帮助我在每次与客户或是顾客的会面时提供更多的价值呢？

丹佛市一位优秀的房地产经纪人养成了每个月定期给客户打电话的习惯。他给客户打电话并不是要进行销售，而是要分享一些他觉得能给客户的工作带

[1]投资组合出版公司，硬皮装，2010年出版。

来价值的信息。最后，他的客户都很期望他的来电。当他们的房屋租期到了选择续约时，他就知道自己为他们的生活带来了多大的价值。对很多客户来说，选择将经纪业务交给他做，也不是一个很难的选择。

培养自信有一个非常简单的方法，就是在你参加的每次会面上，都准备给客户提供更多的价值。而被称为"销售"的有趣事情通常发生在你给客户增添价值之后。

# 3. 你是否提出了正确的问题

如果你提出下面这些过时的销售问题："你背后到底是谁负责决策的"，那么你其实是在确保自己无法与真正决策者得到见面的机会。这是一个让你走向死胡同的问题，因为有一半的客户都会回答说："我就是决策者。当购买的时机适合，我就会做出决定。为什么你不给我们提供一个风险评估建议报告呢？"

你深知，你对面的这个人在过去二十年里都没有过最终决定权。现在，你就身处两难的境地，因为你需要在不冒犯客户的情况下继续与他进行多次会面。这一切都是因为你提出了那个愚蠢问题导致的。根据过往的销售经验，你知道该与谁会面才有机会达成协议。那你为什么还要提出这样的问题呢？

我们向这些销售员提出一个建议，不要再提出类似的问题，只需要简单地说出你需要什么，才可能提出高效的解决之道可。这其实是很简单的。你需要与那些被这个决定影响的人会面，否则你只能去猜想出一个合适的解决方案。而猜想出来的解决之道对任何人的金钱与时间都是没有帮助的。

比方，你可以这样说：

"乔安，你与我今天的会面进展的非常顺利，我对此很感谢。我觉得我公司可以在文件管理方面给你们提供一些帮助。在我提出一个合适的计划之前，我需要与你的信息部门主管以及首席财务官会面。

其中一个原因是，我们在这方面有着良好的声誉，我们愿意花时间与受此次决策影响的各方会面。我们想要努力了解什么对他们是重要的，只有这样才能够提出一个高效的解决之道，符合所有人的期望。要是没有这样的会面，我们只能猜想出一个正确的解决之道。你能帮我安排这些会面吗？"

上面的这段话只是讲述一个事实而已。讲出事实需要你拥有自我肯定与自尊心的情商技能。成功的销售员往往是两者兼备。他们为人自信，敢于说出他们的需要，以便更加高效地利用自己的时间。

◆ 事先处理好潜在的问题

运用第五章里的内容，在与忙碌的决策者工作时，记得要事先处理好潜在的问题。

很多销售员都会有这样的经历：他们开了不止一个小时的车，来到了指定的会面地址，却发现对方关键的决策者已经因为其他事情离开了这里。但是，非决策者却始终能够赶来参加会面，并且承诺向老板提供你们所谈论的信息。在这次会面之后，你提出了一个无法满足关键决策者需求的风险评估计划。非决策者最后给你打电话说："感谢你付出的时间，我们要往另一个方向前进了。"

与此同时，积极主动、充满自信的竞争对手则与真正的决策者见面了。他能够与决策者建立起关系，发现了他们的特定需求，并且提出了一个"直击要害"的解决方案，从而赢得了最后的合作关系。

你是因为缺乏解决方案而失去业务的吗？还是因为你不够积极主动，不够自信，所以才无法对开展的业务设定合理的期望呢？我们觉得主要是因为后

者的。销售员充满自信的谈话能够避免出现潜在的问题，这样的谈话应该
是这样子的：


"皮特，根据我们今天的会谈，我们需要更进一步，约定下一次会面的
时间，因为雅各布是你们公司负责金融方面的主管，所以我们需要他到时参
加会面，确保他了解这次购买投资的回报率。我知道雅各布的日程安排得非
常满，所以我会提前几天给你打电话，看看他的时间是否合适。如果他那时
候没有时间的话，那我们就要重新设定会面的日期。要是无法与他进行面对
面的交谈，我将无法提出有效的推荐建议。"


充满自信的销售员在为双方设定一场成功会面时，可以游刃有余地设定与
管控期望。他可以做到未雨绸缪，将潜在的问题消除在萌芽状态下。

# 4. 全面提升你与决策者会面的能力

你们可以看到，了解个人与组织做出决定的问题并不是一个一刀切式的过程。我们在进行培训时会对客户说，了解这个过程既需要对教科书式的知识有所了解，也要对现实世界的知识有所了解。这里所说的教科书式是指对公司组织架构表的经典研究，对购买影响有一个深入的认知，知道每个人扮演的角色以及肩负的责任。现实世界是指我们要认清一点，就是每个人与公司都会以不同的方式做出决定，有时他们的决策过程根本就与"教科书式"的方式完全不同。

比方说，我们看到很多公司的墙壁上都挂着阐述使命的标语，上面写着"我们放权让每个员工去做决定"。而到了这家公司要决定是否购买时，你很快就发现这些所谓的"放权"最后都从窗户溜走了。你发现这间公司只有一个真正的决策者，那就是坐在角落办公室的大老板（正是这个老板挂出了那些说要放权给员工的横幅。）。

公司的组织架构表可以说明人们的职务与相互关系，但你要记住，组织架构表上的那些人都会按照自身的方式做出决定，并且都有他们的理由。为了更好地在销售过程中对这些决策者进行引导，你需要掌握下面的三个步骤，因为这有助于提升你这方面的能力。

1.认真审视你与不同个性类型的人的交流方式。

2.与自己进行一场实话实说的对话。

3.问一下自己到底是否擅长做出决定。

## ◆ 第一步：认真审视你与不同个性类型的人的交流方式

强人领导型的客户会让你神经紧张，让你不自觉地朝着夸夸其谈与销售产品的道路前进，而忘记了要进行咨询式的会面与认真聆听吗？诱惑影响型的客户会将你的销售会谈变味，变成了一场社交会面吗？在销售会面上，你在与稳定相交型的客户相处得非常融洽，是否忘记了提出充足的问题去了解对方的问题，是否错误地将他们的热情认为是感兴趣呢？你在与深思熟虑型的客户会面时，是否准备好了各种答案与数据，从而更好地符合这位买家的标准呢？

在销售会面过程中，要学着聆听与找寻各种线索，从而决定你到底是在与哪种个性类型的人交流，然后你才可以据此进行调整。强人领导型的客户喜欢使用"最后"与"下个阶段"等词语。诱惑影响型的客户喜欢在销售会面上占据说话的主动权。稳定相交型的客户会在办公室里悬挂着家人或是团队的合照，他始终表现得非常放松，冷静。深思熟虑型的客户的桌面与办公室一般都非常整洁，他们看上去可能会有点冷漠或是清高。

研究你过去销售会面的结果，看看你是否符合当前客户的行为风格。分析每一次销售失败的原因，努力思考怎样做才可以更好地与这些客户进行沟通。要想发现这些客户的个人影响标准，你还需要提出哪些问题，做好哪些准备工作呢？

一位销售员曾向我们提出这个问题："去拜访与你一样忙碌的人，这样适合吗？这样做似乎是更为简单的方法。"我们这样回答："的确如此。但如果你不这样做的话，你就失去了50%的机会。"

学会阅读你的客户，然后据此调整你的行事方式与风格。如果你能做到这点，那么你肯定能向任何一种个性类型的客户进行销售，而不是只能够向与你有着相似个性的客户进行销售的工作。

## ◆ 第二步：与自己进行一场实话实说的对话

你无法与正确的决策者或是相关决策者安排会面的原因是什么呢？是因为你的自我对话牢牢控制着你，让你觉得那些高管都是一些强硬的买家，还是你根本就没有任何有价值的东西可以与他们分享呢？你是否耗费太多时间去担心自己缺乏足够的能力去将事情做好，而根本没试图去与这样的买家设定会面的时间呢？

与你的行政客户设定一次会面的时间。了解这位客户对销售员的要求与期望。他们简短的问题可能会让你感到惊讶：竞争力、正直与积极的反应。所有这些能力都完全是你可以去控制的。

如果你不确定如何与一位高层人员进行一场金融方面的谈话，也许你就无法在会谈过程中给他带来价值。你可以去问你们公司的首席财务官或是会计部门的其他人员，让他们教给你一些基本的金融知识，让你对此有所了解。你可以到当地的大学参加一个培训班，培养自己的业务敏锐度。你可以订阅行业的出版物，阅读商业书籍，了解那些著名商界人士的思维与行为方式。你可以发现在销售会面上给客户增加价值，完全是在你的掌控之中。

评估自己的自信程度。你是否敢于提出自己需要的东西，还只是被动地接受得到的东西呢？你知道要想提出一个高效的推荐方案，自己需要哪些东西。你要么大胆地提出自己的需求，要么就习惯在没有关键决策者提供的建议下，盲目地写行动建议。

### ◆ 第三步：问一下自己到底是否擅长做出决定

如果你不擅长做出决定，那么你在询问客户或是顾客做出决定时又能有多高的效率呢？无论是在个人生活还是专业生活上，做决定时总显得优柔寡断的销售员，必然也会导致他们的客户优柔寡断。

我们发现优秀的销售员身上有一个特点，就是他们不会花太多的时间去担心"如果我做出了错误的决定，会出现什么后果"等问题。他们知道，即便是错误的决定也可以给他们带来积极的结果，因为他们能够从中得到深刻的教训。这个教训带给他们的全新知识，将有助于他们更好地把握下一个机会。

决策者是需要做出决策的。如果你希望缩短销售周期，增加你的销售额，那么你就要擅长与这些人约好会面的时间。事先做好计划与分析，但绝对不要忘记你是要与人见面的。学会如何打动别人，因人而异地调整销售策略，这样你才能在各种类型的客户面前做到游刃有余。

# 第八章：
## 拿下订单：你的付出终于得到了回报

与金钱打交道，现在的你有着怎样的金钱观？面对一个谈判高手，对方杀价，你怎么办？会面过程中，客户表现出了不感兴趣，谈话还需要继续吗？这是你销售工作中每天都会遇到的问题，面对这些，你需要给自己打一针"强心剂"，积极从容地拿下大单！

电影《杰里·麦奎尔》里的一个有趣场景：体育经纪人杰里·麦奎尔与他潜在的客户罗德·泰德维尔在通电话，当罗德质问麦奎尔是否有足够的能力去成功代表他的时候，他们来来回回争吵了几次。最后他们的对话以一句著名的台词结束："把你的实力拿出来！"

如果销售员将这句"口头禅"运用到销售策略中，他们就能够赚到更多钱，避免了将过多时间浪费在追求那些不符合资格的机会上。"某某先生，把你的实力拿出来，在我花时间去写风险评估报告前，你们是否愿意投资购买我们的产品或是服务呢？"

很多销售员在销售的"支票簿"阶段都没有展现出自己的能力。他们没有提出高质量的问题去决定他们的解决方案是否符合客户的预算——也就是他们的支票簿。当他们发现客户是根据价格而非价值去进行购买的时候，往往已经太迟了。当他们面对着优秀的谈判者时，很快就会做出降价的让步。或是，他们为一些只是想确保现有合作伙伴或供应商是否提供合适价格与质量的客户去写风险评估计划，最后瞎忙了一遭。

我们经常听到一些因为努力没有得到回报而感到沮丧的销售员讲述这样一些销售情景。首先，销售员尽最大的努力去讨论客户的预算问题，但得到的回答是客户根本不知道他们会在项目上投入多少资金。"那就列举出一些数据作为参考吧！"客户对销售员说。尽职尽责的销售员于是花几个小时去写风险评估计划，将有关人事以及各个部门的关系都写进去了。接着，销售员带着这份计划去与客户会面，客户匆忙地浏览了一遍，然后指着需要投资的预算金额说："这个预算太高了……超过我们可以承受的范围。"因为销售员已经花了很多时间在这份计划上，所以他不想失去这次销售，于是在没有运用妥协让步策略或是提出更多问题等销售技能的情况下，就迅速地提出降价。结果，他的这次销售的利润非常微薄，他得到的佣金也不多。

在第二个销售场景里，客户要求销售员重新写一份风险评估计划，因为之前那一份计划里的投资预算太高了。此时，销售员依然不知道客户的真正预算，只能投入更多时间去写一份全新的计划。他将这份全新改进版本的计划交给客户看的时候，只听到客户说："我们要将这个报告暂时搁置下来，因为这个项目不在我们今年的预算范围之内。"

对销售员来说，他们很容易去找失败的借口，抱怨自己公司的定价策略。他们说："如果我们公司能够提供更有竞争力的价格，那我就能够达成一些销售了。"与此同时，销售员还会抱怨他们的客户说："在今天这样的经济环境下，再也没有人愿意按照价值取向去进行购买了，大家都想要购买价格更加低廉的产品。"当我们提出下面几个问题时，就很容易找到这些借口中存在的漏洞：

• 如果没有客户愿意按照价值去购买产品，为什么产品价格比你高的竞争对手还没有垮掉呢？

• 如果你的客户只是关注廉价的产品，为什么他们在知道你提供的是高价格、高价值的产品或服务时，还要继续与你进行会面呢？

事实上，这并不关乎公司的定价策略或是客户本身，这只是销售员缺乏销售软技能与基本销售能力的表现。当我们在销售培训课上讲到有关支票簿的问题时，会向学员们提出两个问题：

1. 你们想在什么时候发现客户是否愿意购买你们的服务：在你写风险评估计划之前还是之后呢（100%的学员举手回答说："之前。"）？

2. 你是在什么时候发现客户愿意购买你们的服务的：是在你写风险评估计划之前还是之后呢（此时，学员们的反应出现了巨大的变化，有一半的学员举起手来回答说："之后。"）？

这再次展现了认知与行动之间的鸿沟。销售员知道他们该做什么，知道要在写任何形式的报告之前，就与客户讨论产品或是服务投资方面的问题，并达成一致的意见。但还是有很多销售员浪费宝贵的时间去写行动建议，最后却被搁在某人的桌面上或是被扔到废纸篓里。

沮丧的老板或是销售经理也会想办法去改正这种价格策略与行动建议等问题。他们向销售团队重申了产品与服务的价值，并将更多的资金投入到培训销售员的谈判技能上。他解释了在写任何建议前，了解清楚客户预算的重要性。在一些公司里，他们甚至会改变原先的补偿计划，从而希望销售员能够以最大利润达成销售合同。但很多本意良好的策略却没有按照预期的方向发展，因为这种"一分钱一分货"的思想观念还没有深入到销售员的脑海里。

当我们试图去发现与证实客户的预算时，一些销售与谈判技能是非常有帮助的。但是，只有在你成功管控自身情感与运用软技能时，才可以彻底执行这些基本的销售技能。

在对擅长以最大利润完成销售的优秀销售员进行观察的时候，我们发现一点，就是这些销售员都拥有相似的情商品质：自我察觉、自我肯定与自信。他们拥有很强的自我察觉能力，意识到客户与顾客给他们带来的情感触发点，引诱着他们做出降价的行为。自我肯定的品质在这个销售阶段重新展现出来了。优秀的销售员在提出自己的要求时会感到非常自然自在。他们知道在写风险评估报告之前，必须要了解到客户的预算。自信的销售员知道他们能够给客户带来高价值的产品与良好的结果。正是这样的信念让他们能够在困难重重的谈判中坚守立场。

让我们认真审视一下这些品质以及其他相关的能力，看看它们在帮助你发现客户的预算以及实现自身价值方面存在的关联性。我们的探讨将有助你更好地发现机会，降低因写风险评估计划而引发书写痉挛[1]，同时还能增加你所获得的佣金。

---

[1]书写痉挛也称原发性书写震颤，是成年人最常见的动作性震颤，尤以书写时出现震颤，使书写困难最为常见。

# 1. 聊聊你的金钱观

为了让你在与客户谈论预算时感到更加自在，了解你与金钱之间的关系就变得很重要，因为这在你高效地完成支票簿这个销售过程中扮演着重要的角色。

在培训课的时候，我们会要求学员参与一次训练，让他们与其他学员谈论一下他们小时候家里人是怎样看待金钱的。我们希望他们谈论父母关于金钱的看法对他们的影响。我们经常听到下面一些回答：

- "谈论金钱是不礼貌的行为。"
- "金钱不是长在树上的。"
- "金钱是万恶之源。"
- "不要购买没有折扣的东西。"
- "你认为事情都是由金钱做成的吗？"
- "金钱无法给你带来幸福。"

要是你认真研究这些信息，就会发现这对销售员以轻松自在的心态去谈论金钱或是产品价值，是没有任何帮助的。诸如"金钱是万恶之源"等话语其实就暗示着这样一个观点，如果你为自身展现出来的价值而希望得到回报，那么你也许是在占客户或是顾客的便宜。

在支票簿的销售阶段，我们需要运用的一种关键情商技能就是自我察觉能力。你必须要认清造成你在价格上让步的情感触发点，知道这对你以及你的公司都是一个双赢的结果。

请认真思考"谈论金钱是不礼貌的行为"这句话以及这句话所触发的潜在

情感。我们的一位学员尚塔尔就分享了他小时候的一个故事。他最喜欢的一位叔叔当时买了一辆新轿车，开到了他的父母面前炫耀。当时，他不知道谈论金钱是没有礼貌的事情，于是他高兴地问："这辆车多少钱啊？"他的爸妈很快就斥责他说不应该问这个问题。所以，他从小就得到了这样一个教训，就是金钱不应该与自己沾上边。

在参与了我们的培训课程之后，尚塔尔开始意识到自己没有在销售会面时与客户谈论金钱的真正原因了。他在参加销售会面时，脑海里都还残留着小时候爸妈与叔叔给他带来的印象。

当他听到客户说类似这样的话语"我不大方便与你分享我的预算"时，他立即进入到一种逃避模式，再也不深究了。他是一位彬彬有礼但却低效的销售员，因为他将太多时间浪费在追求那些根本不需要他提供服务的客户上。

当尚塔尔意识到这样的情感触发点后，就发现了过去那套关于金钱的陈腐观念影响着他在销售会面上的表现。他成功地改变了自己做出的反馈，变得更加自信。他开始能够自如地与客户开展金钱方面的对话，这让他了解到客户的预算，最终提出更好的解决之道，收获了更多的利润。

真正让尚塔尔无法充分展现自身价值的，并不是他的销售技能，而是他的软技能。

还有其他学员也分享了许多故事，他们说小时候父母经常因为金钱的问题争吵。比方说，父亲是比较挥霍的人，母亲则是比较节约的人。所以，这些学员从小就得到了这样一个教训，就是要尽量避免有关金钱方面的讨论，因为这会引起人们的争论与不适的情感。这些销售员就是因为童年的这些想法而避免了金钱方面的讨论。他们双手合十，希望在他们浪费时间去追求不符合条件的客户时，会有一些客户愿意出钱去购买他们的产品。当然，我们都知道，希望并不是一种很棒的销售策略。

### ◆ 改变你的反馈，改变你的结果

正如我们之前所提到的，情商技能是可以通过学习来掌握的。没有人注定一辈子要受制于古老的思想与行动模式。

具有自我察觉能力的销售员会从过往的经验中了解各种不同的情感触发点，知道该做出怎样的选择。当客户说他们不知道预算或是不愿意说出来的时候，那么销售员就可以运用同理心、自我肯定以及现实检查等技能去评估客户是否符合自己的要求。他们会提出更多问题，从而确保不会白白浪费时间去写风险评估报告。客户是不是真的愿意进行合作呢？

> "某某先生（指客户），与我们合作的很多客户都是没有预算的。这是很正常的（展现同理心）。但是，面对着相似挑战的客户一般投资的金额都会在X与Y之间，从而处理好这个问题。你觉得这个投资的金额范围可以接受吗？（自我肯定与现实检查）"

向客户提出预算金额范围的问题是很正常的，因为绝大多数的客户心里都会有个数，即便这次购买不是属于盈亏账目中的一个项目。

> "某某先生（指客户），我对你不愿意说出预算的原因很好奇。是因为你觉得我们会提出一个高得离谱的数字，从而用完你全部的预算，而不给你提供低价格的选择吗（同理心。客户可能之前遇到过占他便宜的销售员的不

悦经历）？还是因为其他原因呢？如果你不愿意与我们分享这个信息，那我们可能就会遇到问题。当我们与客户进行合作的时候，都是将对方视为合作伙伴的。合作关系的基础是彼此的信任，我们是不会利用你的诚实与开放态度的。你觉得我们该怎么做呢（自我肯定与现实检查）？"

情感其实是关乎常识的。常识会告诉你，你的客户肯定会有一些预算计划，否则他们怎么会说你提出来的价钱太贵了呢？

认真审视你与金钱之间的联系。如果你不太愿意谈论金钱的话，那么你就要习惯将时间与精力浪费在那些不符合条件的客户上。

你的金钱观是什么呢？

# 2. 将谈判高手"战于马下"

优秀的谈判者擅长运用各种谈判手段让对手出现情感反应。珍妮特·尼
登，《谈判法则》[1]一书的作者，就讲到了在谈判过程中管控情感的重要性。
"你必须要意识到对手运用的谈判技能，避免说出过激的话语。"她在书中写
道，"如果你坚守底线，冷静收拾好东西，那么对手的策略就将无法奏效。如
果你双脚发软，选择妥协，那么对方的策略就奏效了。总而言之，最后做出怎
样的反应都是你自己的选择。"

这是多么富有智慧的一条建议啊！多年前，我的一位客户成功地在我身上
运用了这种谈判技能。当时，我们正准备谈妥一个大项目，此时他实行了"再来一
击"的策略。他说："会谈进行的非常顺利。顺便说一下，我们将会在科罗拉多州
河狸溪的里茨·卡尔顿为我们的高管举办宴会，时间是在周末，我们邀请你与你丈
夫一道前往，你能在那个周末腾出一个上午的培训时间吗？"

一想到周末要与丈夫到美丽的河狸溪度假胜地玩耍，就让我感到非常兴
奋，一时忘记了控制自己的情感。我迅速回答说："没问题。"根本没有做出
应有的妥协策略："我只收一半的上午培训费如何？"难道是因为缺乏销售技
能或是情感管控技能才让我迅速地给予了肯定回答吗？这绝对是因为缺乏冲动
管控等软技能，才让我无法运用基本的谈判技能。

学习谈判手段与销售技能是很重要的，因为这可以让你知道对手在会面的
什么时候运用了这些技能。要是我之前从来没有接受过谈判的培训课程，那我

---

[1]销售出版社，2009年出版。

肯定无法知道他人使用的这些手段。当另一位客户试图使用相似的手段来触发我的兴奋情感时，我马上就能认识到。此时，我可以更好地管控自身的情感，做出高效的反击。

**情景分析**

一位同事曾与我分享了一个故事，这个故事很好地说明了销售员要坚守自己的立场，不要在谈判过程中被客户运用触发情感的伎俩所影响。在这个故事里，她的软技能帮助她获得了实实在在的销售结果。

贝弗利是一位咨询师与演讲技能的培训师。她与客户之前有过两次会面，讨论了各种购买影响，并就预算进行过一番讨论。他们的沟通一直进展的非常顺利，已经接近要签订合作协议了。

当她向客户最后一次展示培训相关的内容时，客户突然背靠着椅子，说："好吧，让我们讨论一下关于费用的问题。"贝弗利感到有点惊讶，因为他们之前已经讨论过费用的相关问题了。客户对贝弗利说，他从不在没有折扣的情况下与人达成过合作，所以希望贝弗利能够在价格上打个折扣。这位客户显然是在运用谈判手段，暗示着贝弗利要么降低价格，要么就无法达成合作协议。

贝弗利之前并没有接受过正规的谈判培训或是销售训练，但她拥有高度的自尊心与自信心，却又不显得自负，因为她知道自己能够给客户带来的价值。于是，她只是简单地阐述自己的立场，也就是她认为的事实：

"丹，我不能给你打折扣，我与很多客户进行合作的时候都是这个价格。他们都觉得这个价格是合理的，因为他们能从我的培训中得到更多的回报。因为我不可能降价，所以我不知道该怎么做。这对与我合作过的其他公司与客户来说是不公平的。事实上，我的工作日程早已经排满了，打折是完全没有道理的。"

　　丹对贝弗利坚持价格的做法感到非常诧异。最后，他还是接受了贝弗利的报价，并对她说，这是他第一次以全价去购买他人的服务。

　　贝弗利成功地管控住自己的情感，在赢得新客户的同时也没有降低利润。她对自身价值的自信让她始终坚守立场，不需要在价格上让步。真正让她得到这份利润丰厚的合同，不是她的销售技能，而是她的情商软技能。

　　与此同时，她还不知不觉地运用了一种强大谈判手段。我们将接下来进行解释。

# 3.放弃即将到口的美食，敢吗

多年前，我第一次参加谈判技能培训班。当时的培训师是一位自信的女性，她进入教室，把一只脚放在桌子上，说了这样一句开场白："如果你无法做到转身离开，你就无法与人谈判。"接着，她解释了不要过分看重谈判结果的重要性，而要有随时愿意转身离开的能力。这就是控制思维方式的一个例子。如果你缺乏正确的思维方式，那么你就无法因为自身的价值而得到应有的回报。

"转身离开"并不是谈判技能培训师们随便编造出来的一个策略，而是许多研究得出来的一个结果。这个研究结果说明了一点，那就是人们都希望得到他们无法得到或是没有的东西。在销售行业里，这种技能通常被称为"要买就买，不买拉倒"。不让对方任何商量的余地，他们想要得到的欲望似乎变得更加强烈了。

多年来，零售商经常运用这样的概念。"今天半价！""还剩最后四天！"想想黑色星期五与网络星期一[1]吧。到底是什么原因催促着人们在那么早的时候起来呢？难道在这个时候买东西特别优惠吗？还是因为这种稀缺的观念以及害怕自己失去优惠时间的心理在作怪呢？

绝大多数销售员都不大愿意使用这种强有力的技能，这让我们都感到不思其解。我们在面对问题时总是抛出错误的解决方法，只是希望能在销售中得到更多的客户。我们分享过许多关于运用这种策略的方法与时机的成功故事与特

[1]网络星期一是指感恩节假期之后第一个上班日的网购促销活动。

定例子。客户们会进行训练与角色扮演，从而对这种"要买就买，不买拉倒"或是"转身离开"的思想感到自在。尽管做出了这么多努力，我们依然没有看到更多人运用这种方法。

一旦我们对情商有了全新的认知，就会发现造成缺乏客户购买的根本原因：差劲的情感管理能力。缺乏自我察觉能力的销售员根本不知道，如何在某种销售情景对客户运用的谈判技能做出反应。在与客户进入到谈判环节时，很多销售员都陷入到了抵抗或是逃避的模式当中。他们宁可向客户妥协，也不愿意展现出转身离开的意愿。

请认真思考这些客户通常使用的谈判手段以及他们可能触发的情感——这些情感会让销售员在没有进一步提出问题或是做出反击的情况下，就选择在价格上让步。

- "你的竞争对手的价格要比你低20%，你的价格能与他们一样吗？"（表现出恐慌、愤怒与绝望）"
- "我们希望与你们合作。我们觉得你们提供了最好的解决方案，但是你们的价格还是稍微高了一些。"（表现出恭维、恐慌与乐观）"
- "我们今年的处境真的很困难，你们能做得更好一些吗？"（表现出同理心与遗憾）"

此时，注意到客户使用的这些说话方式都是一般性谈判技能培训的基本内容，这是非常重要的。他们这样做的目的就是要影响销售员的正常思考，触发他们的情感，希望销售员能够降低价格。

当你掌握了这种自我察觉能力之后，就会有这种"转身离开"的思维方式，从而让你能够始终保持冷静的态度。清晰的思路可以帮助你将话题从原先的价格层面转移到价值层面上来。下面是我们对这些谈判手段做出有效反击的几个例子：

客户："你的竞争对手的价格要比你低20%，你的价格能与他们一样吗？"

销售员："非常感谢你愿意将竞争对手的价格说出来。但我有一点不明白，既然你能够在我们的竞争对手那里以较低的价格得到相同的价值，为什么还要找我们会面呢？当然，我们非常想与你们有业务上的往来，但如果竞争对手能够按照你所说的价格提供你优质的服务，我们不会怪你跟他们合作的。"

销售员很好地管控住了自身的情感，没有对客户使用的谈判手段做出过激的反应。他只是向客户提出了一个常识性的问题而已。如果竞争对手能够以较低价格提供同等价值服务的话，他为什么还要与你进行谈判呢？此时，轮到客户必须要为继续与销售员进行对话找合适的理由了。

客户："我们希望与你们合作。我们觉得你们提供了最好的解决方案，但是你们的价格还是稍微高了一些。"

销售员："谢谢。感谢你对我们的信任。让我们重新审视一番评估报告，找出那些回报率最高的举措。然后，你与我就可以进一步研究应该将哪些内容剔除掉，从而更加符合你的预算。"

销售员没有迅速做出要降价的反应，而是让客户去决定是否要从评估报告中剔除掉一些内容。这其实并不是关于是否降价的问题，而是关于客户是否真心愿意为了解决问题或是抓住机会而付出努力的问题。

客户："我们今年的处境真的很困难，你们能做得更好一些吗？"

销售员："我可以理解。这对我的许多客户来说都是艰难的一年。我们是否还需要进行更进一步的讨论，看看你是否还想达成这次交易。也许，将购买的计划延迟到明年也是不错的选择。"

此时，销售员展现出了同理心，同时也将是否购买的责任推到了客户身上。此时，销售员对转身离开的思维方式已经运用自如了，因为对客户来说，明年再进行购买也许真的是最好的选择。

我们还可以列举出更多关于情景反应的例子，去证明销售员在提升了管控情感能力之后，就能够执行更加强大的销售技能。

# 4.审视你的销售渠道

销售员不运用"要买就买，不买拉倒"这种强大策略的另一个原因，始终都是与销售过程的开端存在着联系：那就是销售渠道方面的问题。

销售渠道不顺畅的销售员总会散发出"绝望的气息"，客户在一里之外的地方都能嗅到你的这种"味道"，然后加以利用，以便获得经济上的好处。销售渠道不顺畅的销售员根本没有"要买就买，不买拉倒"的资本。这些谈判技能与策略也都无法运用，因为他们本身就面临着匮乏的客源，而不像其他销售员那样有着顺畅的销售渠道。

销售渠道顺畅时，你在与客户会面时很可能就会有这种富足的思维方式——就是一种可有可无的心态。你的思想从原先的"我需要达成这桩交易"到"我只与那些认真的客户合作，我不想浪费时间去写评估报告。我为什么要给客户打折扣呢？我有那么多优质的客户等待着我去追求呢"。

重新复习一遍第三章提到的几个关键概念。你是否持续地开发客户，从而收获销售渠道顺畅的回报呢？你是否制定了明确的销售活动计划，确保与符合资格的客户会面呢？

当你的销售渠道顺畅时，你就可以在面对无利可图或是浪费时间的机会面前转身离开。这将让你有更多的时间去开发那些拥有雄厚资金预算并且愿意投资你的产品与服务的客户。

# 5. 给自己打一针"强心剂"

销售员都宣称自己可以给客户带来具有更高价值的产品，因为他们有专业的个人技能与忠诚的服务承诺。他们吹嘘自己在为行业内最优秀的公司工作。客户的满意回复与反馈充斥着他们的网站与手册。如果销售员真的相信他是最优秀的，而他的公司也是最为出色的，那么为什么这位销售员那么快就要打折出售呢？也许，他的销售技能与营销话语都是空洞的，而他对自己的能力与公司的价值缺乏自信与信念。

多年前，在我还是一家销售公司的副总裁时，我从一位销售代表身上学习到了关于自信重要性的宝贵一课。当时，我们向学校销售运动装备用品，其中就包括网球鞋，要知道网球鞋的竞争非常之大，要想销售出去并不容易。

我们并不是相关网球鞋品牌的独家代理商，经常要与一些打折的廉价体育用品商店进行竞争。还有一些竞争对手亏本销售网球鞋，只为了能够赢得更多的客源。

加米是我在佛罗里达州的销售代表，他在销售网球鞋方面的业绩最为突出。更不可思议的是，他竟然还能以最大的利润将这些球鞋销售出去。在全国各地的销售员都说，他们只有打折或是添加赠品之后才能将球鞋卖出去，这样一来，加米的业绩就更让人印象深刻了。因为在很多情况下，我们降低价格，赢得生意，留住客户。

在对加米的销售进行一番分析之后，我想他肯定是有一套特殊的说服销售技能或是价值建议。于是，我给他打电话，希望了解他的销售方法，以便同团队的其他人分享。加米的回答出人意料的简短。

"我也不知道自己到底说了些什么或是做了些什么。"他说，"我只是不给他们在价格方面的其他选择，因为我知道我将会给他们提供最好的服务，我们的公司也的确有能力这样做。我能够以高价卖出这么多球鞋，是因为我根本就没有提到那些廉价的网球鞋。这些高价的球鞋拥有更好的质量，穿的时间更长一些。难道你不同意吗？"

加米的这个简单逻辑非常典型地讲述了相信自己、相信公司以及相信产品的重要性，这能帮助你在任何复杂的价格战或是折扣战中获胜。这就是所谓的自尊心。加米相信自己有为客户提供高价值产品的能力，而这种自信要比任何事先准备的销售脚本都更加奏效。如果连你都不相信自己能够给客户带来价值，那么客户为什么要购买你的产品呢？加米在销售过程中无意识地运用了"要买就买，不买拉倒"的销售原则。在面对不愿意全额购买他的产品与服务的客户，他宁愿转身离开。

关于自我信念的另一个故事是关于一位从事销售培训的同行。当我们在一次会议上见面时，他入行的时间才只有两年而已。当时，他显得非常兴奋，因为他刚刚将自己的第一次主题演说卖出去了。他超级兴奋的另一个原因是，他为自己一个小时的演说开出了15000美元的报酬。

听到这个消息，我的下巴都快要掉了。因为一般能拿到这么高演说报酬的人，通常都是畅销书作者、从事该行业数十年经验丰富的人士或是某个特定行业公认的权威。他根本没有上面这些头衔与阅历。正是他的自信与自我肯定让他敢于提出最高的演说报酬。他不是一个自大的人，但有很强的自尊心，相信有能力圆满地完成任务。正是这种软技能让难赚的美元进入了他的口袋。

# 6. 提升你议价能力的有效步骤

掌握"支票簿"销售阶段所需要的技能并不容易，因为很多销售员对此存在着误解。销售员会本能地将精力集中在提升自身基本的销售技能，从而提高销售结果上，而没有意识到销售软技能的重要性。正是因为缺乏这些软技能让他们无法为自身的价值得到报酬。我们总是希望销售员能够对这两方面进行认真的思量，从而诊断出问题的根源，然后努力提升自己的销售结果。

绝大多数销售员都没有意识到，他们从小对金钱的看法会延续到成年阶段。很多销售员没有意识到，客户的一些谈判手段只是为了让销售员出现情绪的变化。一些销售员始终不相信自己能够给客户带来价值。最后的结果是，他们在那些根本不愿意购买服务的客户身上浪费了太多的时间与金钱。

下面三个步骤可以帮助你在这个销售阶段做出更好的表现，赢得你为之努力的工作报酬。

1.认清你在金钱方面的情感触发点。

2.接受谈判策略方面的培训。

3.审视你对公司以及自我价值的相信程度。

## ◆ 第一步：认清你在金钱方面的情感触发点

思考一下你是如何与客户或是顾客进行金钱对话的。他们说的什么话、提出的什么问题或是反对之声，会触发你的情感，从而让你做出降价的让步？当客户说他们没有预算或是不愿意与你分享的时候，你会做出怎样的反应呢？你会陷入到一种逃避模式，选择再写一份风险评估报告吗？你是否会回到六岁那年的自己，说出你对金钱的看法？

一旦认清了这些情感触发点，那么你就可以通过视觉化的想象以及训练更好的回答方式去改变你所做出的反应。你要始终保持自信的态度，勇敢地说出你对客户的需求。定期安排休息时间，向自己提出几个问题。到底是什么驱使着你做出那样的反应？是因为你害怕失去生意（即便这是一门无利可图的生意）？你是担心满怀自信地向客户提出自己的需求，会冒犯到客户吗？

买一本相关的书籍，更好地认清自己对于金钱那种自我限制的想法。我们通常会推荐T.哈弗·艾克的著作《百万富翁心态的秘密：控制内在的财富》[1]。因为作者在本书里从哲学层面上将我们的信念联系起来，解释了销售员无法实现他们潜在赚钱能力的原因。我们特别喜欢艾克关于财富原则的一条论述："意识就是要观察你的思想与行动，这样你就可以在当下做出真实的选择，而不是一直按照过去的想法去规划。"

运用基本的常识。比方说，你愿意与一位总是带你看超出你承受能力范围的豪宅的房产经纪人合作吗？还是你愿意与一位事先询问预算，花时间展示符合你要求的房产经纪人合作呢？

对待客户的时候，也要抱有同等的尊敬。与他们就预算问题进行认真的讨论，之后再决定是否去写风险评估报告，千万不要浪费时间去写一些根本不符合他们条件的东西。

---

[1]哈帕商业出版公司，2005年出版。

◆ **第二步:接受谈判策略方面的培训**

作家兼诗人玛雅·安杰洛曾说："当你知道得更多，就能做得更好。"
努力认知自己以及你的"金钱说法"。你可以通过参加培训班去学习谈判策略
相关的知识，从而提升谈判能力。深思熟虑的买家都接受过相关的谈判技能培
训，所以你也很有必要参加类似的培训，才能让你们有可能处在同一起跑线
上，为你以及你的公司带来双赢的结果。

切斯特·卡拉斯博士创立了卡拉斯培训学院，基本上都是由谈判技能训练
方面的专家来充当老师。卡拉斯博士说："无论是在生活还是工作上，你并不
是得到你应得的东西，你只是得到你谈判得来的东西。"

下面是卡拉斯博士提供的几条实用性的谈判技巧。注意这些技巧所涉及的
情商技能。

• 以一种双赢的姿态去参加谈判，努力找寻对双方都最为有利的结果。
（人际关系的交往）

• 不要想着去让对方喜欢自己，要习惯处于冲突的局面。（情感管控）

• 训练良好的聆听技能——永远都要这样做。（解决问题的能力与同理心）

• 时刻要记住检验对方的决心。（现实检查）

记住：当你知道得更多，就能做得更好。

◆ **第三步：审视你对公司以及自我价值的相信程度**

如果你忘记了自己的价值或是对自身价值产生了质疑，就要询问与自己

关系最好的客户，看看他们在与你以及你们公司合作之后，是否发生了积极的
转变或是提升。这样的谈话会提醒你，千万不要将自身的价值视为一种理所当
然。这样做有助于提升自信与信念，能让你在日后与其他客户在讨论价格或是
价值时更加游刃有余。记住，要在你的办公室里准备一个"吹牛文件袋"，这
个文件袋里装着客户对你的赞扬，案例分析以及感谢的卡片，时刻提醒着你给
他人带来的价值。

提升你对金钱的自我察觉能力。认清任何可能会让你降价、贬值或是降低
佣金的情感触发点。在客户要求你去写风险评估计划或是推荐计划之前，首先
让他们"把钱拿出来"。

时刻记住，重视自身的价值以及你给客户带来的价值。

# 第九章：
## 情商销售文化的几个关键特征

　　作为销售员的你，已经"武装"了自己，而作为销售团队中的你，要怎么做，才能够推动整体的进步？情商销售文化的建立，不仅需要个人的努力，更加需要团队意识，树立良好的团队形象，才能够收获更多！

销售组织的目标就是获得持续性的盈利。为了达到这个目标，首席执行官与销售经理都会根据市场的形势，决定如何分配接下来的时间与精力。他们会对现有的客户进行分析，决定是进行客户渗透还是追加销售。他们会将客户的名单汇编起来，研究追求客户的策略，分析竞争对手的情况，找寻他们报价的漏洞，评估营销计划与销售资料是否定位准确。

这些都是增加销售最好的一些方法。但还有另外一种增加销售的方法则通常被人忽视与低估。如果你想要彻底且持久地改变公司的销售结果，就要首先改变销售文化。

《韦氏大辞典》对文化的定义是"一整套共享的态度、价值、目标与行事方法，从而定义一个机构与组织。"企业文化会决定你如何对待员工、服务客户以及你对整个社区的贡献。良好的销售文化会赚到更多钱。

具有浓厚情商销售文化的团队一般都有三个基本特征：推崇学习，重视合作与鼓励慷慨大度的精神。

为了更好地推崇学习的作风，他们会践行自我实现的方法，时刻鼓励团队成员去提升个人素养与专业技能。他们会为员工提供教育与培训的机会，将这些培训视为一种投资，而不是一种可有无可的花销。他们认为，接受过良好教育的销售员能够取得更大的成功，可以更好地完成他们的工作。

通用公司也许是全世界范围内培养学习型企业文化的最佳典范。通用公司的约翰·F·韦尔奇领导中心，被称为克罗顿维尔中心，就建立在面积多达53英亩的校园内。这是一座全球顶端的组织研发、领导学、创新与改变的中心。在通用公司内部，员工们都知道学习是永远都不能停下来的。通用公司每年要组织来自世界各地的税收审计人员参加三次为期两周的领导学培训项目，每周学习5天，每天学习的时间长达12个小时。在这个过程中，他们要进行相关的案例分析，接受技术文件书写、品牌推广与沟通技能等方面的培训。通用公司每年要投入超过10亿美元用于员工培训与教育项目。所以，当通用公司在2011年的营业额高达1473亿美元时，也就不需要大惊小怪的了。

持续的培训不仅有助于企业赢得更大的利润，还能提升员工的留职率。今天很多所谓的专家都对企业家们说，想要长期留住员工已经是不可能的了。"你们最多只能让员工呆两年的时间——然后，他们就会离开你的公司。"他们说，"员工再也不忠诚于他们的雇主了。"对许多与我们合作的拥有浓厚销售文化的企业来说，事实并非如此。他们留住销售员的一个重要原因，就是愿意在员工身上投入金钱与时间。受过教育的销售员能够为公司带来更好的收益。优越的佣金回报与愉悦的工作环境，都会让销售员感到工作的乐趣，从而提高员工的留职率。

共同合作是具有良好销售文化团队的另一个特征。团队合作是这些企业文化的核心价值观，他们共同努力地工作，确保团队中每个人都能够相互帮助。以自我为中心的销售员并不需要加入这样的销售组织。

具有情商的销售文化组织认识到，要想在今天竞争激烈的商业环境下生存，他们需要组建一个"销售村"才能屹立不倒。他们意识到，诸如会计、法务、执行部门、客服部门以及营销部门在帮助公司达成营销目标的过程中，与销售团队扮演着一样重要的角色。团队中每个人在开发与留住客户等方面都起到自己该有的作用，而他们的这些努力都是应该得到认可与鼓励的。

慷慨大度精神是具有情商销售文化团队的最后一个共同特征。他们愿意成为施予者，而不是索取者。他们具有很强的社会责任感，愿意回馈团队或是他们所在的社区。这些公司发现，施与能够唤醒人们的善意，更有助于团队的凝聚力。

本书前几章一直集中在情商技能对销售员高效地开发客户与达成合作方面的影响上。我们讨论了在销售某些阶段中特别重要的一些品质。

在本章里，我们将重点转移到这些技能是如何帮助公司建立起必胜的企业文化，从而鼓舞带动销售员与其他员工的。无论你是一位销售员还是销售领导，都是可以通过营造与支持一种情商销售文化，去改变团队最终的销售结果的。

诸如自我实现、自我察觉、社会责任、人际交往以及同理心等技能，都可以帮助企业与员工建立起更加高效的团队。他们提倡合作精神，鼓励员工相互帮助，增强团队的凝聚力与成功率。让我们看看情商是如何帮助团队建立一个必胜的销售文化的吧。

# 1. 你在不断学习还是不断落后呢

　　"最近生意怎样？"因为2008年爆发的金融危机，我们在过去几年里经常被人问到这个问题。我们总是笑呵呵地回答："非常好。"他们接下来问："那你们的客户还行吧？"我的回答也是差不多的："我们的客户也做得非常不错。"

　　我们相信自己的公司以及客户做得非常好的一个原因，就是我们都在持续不断地提升自己。我们是终身学习的人——我们的客户也是如此。

　　无论是经济繁荣还是萧条的时期，终身学习型的销售组织都会注重对员工个人素质与专业技能进行投资。他们相信我们在第八章引用的玛雅·安杰洛的那句话："当你知道得更多，就能做得更好。"比方说，当员工对锻炼与营养方面的知识有了更深入的了解时，他们就会更加注重健康，工作效率也更高一些。当他们平常就接受了面对逆境的训练，那么当经济危机出现时他们就可以充分应对。当逆境出现时，他们也准备好了去面对。

　　在2008年金融危机之后，很多之前不注重持续学习的销售组织都无力迎接这场战役。他们眼睁睁地看着销售渠道变得堵塞，他们的客户要么倒闭了，要么比以往下更少的订单，或是他们多年来第一次将业务以竞标的方式外包。很多销售团队早已经忘记了要持续开发客户的习惯。这些团队必须要花费六到八个月的时间去重建他们的销售渠道。

　　这种全新的商业环境也会让销售员面临着激烈的竞争。之前，一般只有三家公司竞争的项目，现在突然间有了十家或是二十家公司参与竞争。普通的销售技能与过时的技巧已经无法帮助他们在这个日趋激烈的竞争环境下获胜了。

缺乏情商技能与销售活动，严重影响到公司的现金流与销售代表的佣金。在很多时候，企业最终选择关门倒闭。

与此相反，那些持续加大培训投入的销售组织则显得更加自律，即便是经济繁荣的大环境下，他们依然坚持这样做。他们的销售渠道始终处于一种畅通状态，因为他们没有养成等待客户给自己打电话、发邮件等坏习惯。他们始终如一地磨炼着自身技能，不断提升销售技能，从而能够更好地应付糟糕的经济形势。当危机到来的时候，他们早已经准备好了，而不是束手无策地站在一边。

虽然这做起来并不容易，但是强调不断学习的销售组织能够在经济危机的洗礼后，要比他们的竞争对手显得更加顽强。

信息管理服务公司是一家总部设在科罗拉多州丹佛市的全球信息公司，该公司的首席执行官杰里·斯特德在这里体验到了他职业生涯中最辉煌的成功。多年前，我们有幸聆听他发表的一场演说。在演说中，他分享了自己的一个成功哲学："如果我的口袋只剩下1美元，"他对听众说，"我会把这1美元投入到员工的培训与发展上来。"显然，杰里是终身学习这一信条的追随者。这样的人生哲学也给他带来了巨大的成功。在他的领导下，信息管理服务公司在过去十年里，平均每年以20%的速度增长。

## ◆ 你变得越来越聪明吗

为了摆脱动荡的经济形势所带来的挑战，你的公司在最近几年可能做出了一系列的变革，要求员工掌握全新的信息与技能。比方说，你的工作可能受到下面因素的影响：

- 全球经济的扩张，创造出一群全新的客户，这需要我们以全新的销售方法与技能去进行开发与接触。

- 更多的公司参与竞标同一个项目，要求你的员工知道如何按照价值销售，而非价格销售。

- 营销服务的全新方法，需要我们全面掌握社交媒体的利弊。

- 用诸如桌面视频会议或是信息等新科技手段，去与客户或是顾客进行沟通。

- 信息与产品传递的时间更短，这需要我们有更快的反应时间与结果。

你的销售团队比两年前更加聪明吗？那些没有掌握自我实现技能的销售员会对今天这个快速变化的商业环境感到非常沮丧。他们缺乏继续学习，提升自己的动力，所以逐渐落后于不断进行自我提升的竞争对手。

未来主义者与畅销书作家阿尔文·托夫勒在他的杰作《未来震撼》一书里，谈到对于学习的看法："未来的文盲不再是那些不会阅读与写字的人了，而是那些缺乏学习，再学习能力的人。"

这是我们应该要牢记的一句话。想在激烈竞争环境下获得优势的销售组织，可以通过创造这种学习氛围来达到这个目标。你的企业文化是学习型的，还是不思进取型的，这导致企业中员工个人素养与专业技能层面上已经落后于竞争对手了吗？

### 情景分析

几年前，我们受雇于一家公司，这家公司有三个独立的销售部门，有三名销售经理。我们的销售与销售管理的理念被其中两个部门的销售经理所采纳，而第三个部门的经理却缺乏自我实现的意愿。他显得很古板，不愿意改变之前的行事方式。

他非常礼貌地说，其实我们并不了解他的工作，并解释说销售只是关乎人际关系而已。我们"华而不实的销售培训"只是专注于设定期望，提出问题，分析买家投资的回报等，这对他来说显得过于正式了。

显然，这位经理不愿意承认今天的商业环境已经发生了改变，客户对销售员的期望也同样发生了改变的事实。没错，客户是很重视关系的，但他们更加希望与一位具有商业洞察力与批判性思维的销售员合作。这已经不是一个可以选择的问题了。一顿建立关系的晚餐的确是不错，但我们发现，那些最开心的客户都是在离开餐桌之后，不仅肚子吃饱了，而且心灵也充实了。

这位经理缺乏自我实现的意愿也感染了他的销售团队，他们极力反对我们灌输的每一种思想与技能。于是，我们就与这家公司的总裁会面，说出了我们对那位经理不愿意执行全新销售方法的忧虑。这位总裁是这位销售经理多年的朋友，所以他不愿意给这位经理下最后通牒。五年后，这个经理负责的团队在与接受了咨询式销售方法的对手进行竞争时，失去了许多合同。最后，总裁不得不将他多年的朋友解雇掉。

我们讲这个故事并不是要拔高自己，得意地说："我们早就跟你说过，你又不听。"而是我们看到过太多这样的情形。我们会对客户说，你们不需要做出改变、成长或是提升的唯一时机，就是你们的竞争对手也做出了相同的决定。

◆ 掌握差距

既然这样，为什么那么多的销售组织与销售员不去追求个人素质与提升专业技能呢？除了对改变的方案进行否定，还有另一个原因，我们称之为"掌握差距"（Mastery Gap）。

为了对掌握差距有更好的了解，让我们以正在努力学习全新销售技能的销售员作为例子吧。这位销售员现有的神经通路与习惯已经牢牢连接着他过去实践过数百次的过时销售技能上。他们对这些技能非常熟悉，运用起来也是游刃有余。当他在第一次尝试全新销售技能的时候，不可避免地会感到不自在。他知道自己该怎么去做，但却尚未熟练掌握自己学到的技能。这种掌握差距就会造成一种情感反应，让他感到沮丧，甚至是有点尴尬。

此时，消极的自我对话开始进入销售员的心灵，他开始为回到过时的销售方法找借口了。"这种全新的销售技能并不适合我。"他说，"我觉得自己根本无法适应这种方法，感觉自己很不真诚。"虽然过去那一套销售技能让他浪费很多时间去追逐没有购买意愿的客户，与错误的决策者会面。即便最后找到了合适的客户，也免不了被客户砍价，但他却对那种过时的销售方法感到非常自在。渴望自在的感觉会将他重新拉回到老套的行事方法上。他不愿意跨越认知与掌握这种全新技能之间的鸿沟。

他的销售经理在这个过程中也没帮上什么忙。他只教一次这些全新的技能，然后就希望销售团队能够完美无误地加以执行。当销售员未能如他预想那样迅速掌握，他就会变得恼怒。此时，销售经理也会产生沮丧的情绪，认为过去的销售方法虽然无法得到最好的结果，但至少可以让手下的销售员更加轻松自在一些。销售员与销售经理找到了这种放弃的借口，于是就安于现状，希望他们的竞争对手也会在学习全新销售技能的过程中感到沮丧，从而选择放弃。

在面对掌握差距这个问题时，你需要狠下决心，确定自己是否真的准备放弃过去那套老旧却让自己舒适的方法。这个决定需要你具有自我察觉与延迟满足的情商技能。

要随时留意让你安于平庸，不去努力实现自身最大潜能的自我对话。认真审视你对即时满足的渴求程度。你是不是需要得到即时的满足呢？运用延迟满足的技能，努力去做必须要做的工作，从而达到熟练掌握的程度。跨越认知与行动之间的鸿沟，继续自我提升的旅程。

# 2. 团队中不能有"我"

鼓励自我提升的销售文化会让人明白一点，就是企业内的每个员工都能对企业的整体发展贡献自己的力量。他们提倡每个人都要为同一个团队进行合作的思想。当你去对优秀的团队——无论是销售团队还是体育团队——进行研究时，都可以发现他们中绝大多数人都非常享受成功带来的喜悦，因为他们像迈克尔·乔丹——这位NBA历史上最伟大的篮球运动员那样不断进行训练，宣扬这样一条信条："团队中不能有'我'，而只有共同的胜利！"

情商销售文化提倡团队合作与共同协作。然而，还是有很多销售组织持这样一种观点，即极为优秀的销售员是可以游离在销售团队之外的。他们提倡这样一种精神，即认为极为优秀的销售员天生就是很难管理的，所以他们特立独行的行为应该得到谅解。"这只是工作的一部分。"这句话就说明了这个问题。

我们将这些特立独行的销售员称为"孤独的销售游侠"。这些销售员并不在意他们的行为给其他部门造成的影响，他们所关心的只是如何与客户达成合作协议。他们经常承诺可以提前交货日期，给其他部门带来不必要的压力。他们不喜欢参加销售会议或是与他人分享经验，因为他们只关心一件事情：自己。

在信息时代到来之前，销售组织是可以雇佣这些"孤独的销售游侠"，但互联网的发展已经改变了这场游戏的格局。今天，销售员面对着一个竞争更加激烈的市场环境。公司的规模再也不是问题：规模较小的公司通过制作精良的网站或是积极主动的社交媒体宣传，也会给人规模庞大的印象。竞争再也不是局限于本土或是当地，而是具有区域性、国家性与国际性——所有这一切竞争都因为互联网的发展而出现。最后，正如我们在第一章里所提到的，客户现在掌握着比以往更多的资讯。他们在决定进行交谈或是会面之前，都会对你以及你们的产品进行详细的了解。

想要在这种竞争激烈的商业环境谋求生存发展的销售组织，是绝对不能承受团队里有"孤独的销售游侠"所带来的后果的。他们应该雇佣与吸引具有团队合作精神的销售员，彼此分享销售经验，指导新来的销售代表，帮助团队的其他成员达成合作。这样的销售组织及其团队成员都明白一点，那就是要想在今天的商业环境下取得胜利，必须要一个"销售村"齐心协力，共同合作。

## ◆ 去掉"我"，推崇"我们"

有很多方式是可以消除销售文化中的"我"，从而提倡团队精神的。首先，我们可以鼓励团队中最优秀的销售员去帮助其他成员。这对一些具有竞争力的销售员来说也是一个挑战，因为他们可能并不想帮助团队成员变得更加优秀，从而挑战他的位置。

如果你有这样的心态，请让我说一句不客气的话：不要犯傻了！你的团队成员并不是你的竞争对手。你的竞争对手是对面街的公司，网上的企业以及国外的竞争者。那些公司占据越多的销售份额，那么他们的企业名声就会更加响亮，那么你作为销售员的工作就更加难做。

愿意为团队贡献力量的销售员都拥有社会责任感这种情商技能。正如第一章里提到的，社会责任感代表着你想成为所在社交团体中具有合作与建设性精神的一员，虽然这样做可能不会给自己带来什么实惠。

这种类型的销售员深知，他们与团队其他成员分享成功的经验，有助于提升他们的销售技能，从而变得更加专业，更受客户的喜欢。最后，他们销售组织的名声就会得到提升。他们这样做，是因为他们是很友善的人，同时希望身边的人都是最优秀的。他们知道即便是一个拥有着最优秀四分卫的橄榄球队都不可能赢得超级碗，只有配合最默契的队伍才能取得最终的胜利。

最近，我们与一个出现内斗的销售团队进行合作。在说出了之前那句"不要犯傻"的话之后，我们帮他们重新思考核心价值观，认识到团队合作的重要性。值得欣慰的是，这个团队的成员都意识到这点，并且遵守了这个原则。关于这方面的一个典型例子就是，一位销售代表找到了销售的方法，他得到了公司奖励性的旅游，并且因为自己的工作得到了丰厚的佣金。他不仅是一位优秀的销售员，而且是一位具有团队精神的人，他将一些缺乏经验的成员培养成优秀的销售员。最后，这些销售员成功地完成了销售任务，同样得到了公司的奖励性旅行。

畅销书作家与领导学咨询师亚德里安·古斯迪克与奇斯特·埃尔顿在他们的联合著作《橙色革命》[1]里，就对具有突破精神的团队进行了研究。他们的研究表明，这些团队里的每个成员都真诚希望帮助他人取得成功。他们用一个词语来概括这种情况：欢呼。这些团队成员会为其他成员的成功而欢呼。

你的销售团队成员会为其他成员的成功欢呼吗？还是在浪费时间与精力进行彼此间的内斗呢？他们是愉悦地分享自己的经验与见解，还是坚守自己成功的秘密，不让别人知道呢？

如果你是属于"孤独的销售游侠"类型的销售员，那就很难完成公司在未来十年增长10%~30%的目标。要实现这个目标，必须依靠一个团队。团队里不能有"我"。为你的团队欢呼吧，鼓励团队的其他成员也这样做吧！

[1]自由出版公司，2010年出版。

## ◆ 与你的"村民"一起合作

团队要想高效地合作，团队的成员就必须要了解其他成员所面临的挑战。要是销售员不熟悉其他部门在帮助完成产品交付与提供服务等方面扮演的重要角色，那么他对公司以及客户来说都是不具有太大价值的。要是企业不鼓励员工培养这种自我察觉能力的话，就很有可能面临着毁灭性的打击。

在很多销售组织里，操作部门与销售部门通常会出现矛盾。销售员与客户达成了协议之后，操作部门通常会对此感到非常沮丧。因为这个协议里缺乏关键性信息，过分夸大了可以提供的服务，或是包括不准确的定价。就销售员而言，他觉得其他部门的人——就是"防止销售成功的部门"——认为这些部门的存在只是为了阻止他成功地完成销售。这些销售员觉得，"这些家伙"根本不知道达成销售协议是一件多么困难的事情。

如果你遇到过这样的情形，就需要意识到建立和谐的内部关系的重要性。是时候运用软技能去解决内部"顾客"——也就是你的团队成员——之间面临的问题了。运用你的人际交往能力去了解其他部门同事的想法。优秀的销售团队可以通过了解客户的故事去提升业绩。要是他们能够投入同等的时间去了解团队其他成员的故事，那么他们也将会取得一样的成功。

你可以与"这些家伙"一起吃顿午餐，问一些工作之外的事情。他们有没有孩子？他们平时有什么娱乐活动？他们是在哪里长大的？当你试着了解他人的故事时，也许就能够发现他们做出那种行为或是持有那种态度背后的原因了。也许，他们牢骚满腹，是因为担心着年迈的父母或是生病的孩子。或只是因为他们比较害羞——而不是你之前所认为的清高或是顽固。

努力了解他们的日常工作生活是什么样子的。展现出你的同理心与兴趣。他们在工作中面临着怎样的挑战？他们是否缺乏足够的资源去完成工作？还有什么人或是什么事需要占用他们的时间与精力？你可以从哪些方面让他们的工作变得更加轻松一些？

当我们向销售员提出有关团队成员的这些问题时，经常得到"我不知道，我也不想问。"的回答。其实，这些销售员的真实意思是："我不在乎。"当你不在乎别人的时候，那么别人也不会特别耗费心思去帮助你实现目标。在办公室里要尽量成为受到团队成员喜欢的人，就像你努力成为客户喜欢的人那样。

**情景分析**

克里斯丁刚成为公司负责销售的副总裁，她在与公司的信息技术部门进行沟通时，碰到了很大的难题。她觉得信息技术部门那帮人根本无视她的要求，将数份需要用来提升预测的销售报告都搁在一边。

她听取了我们的建议，运用自己的人际交往能力。她请信息技术部门的主管出去吃午饭，询问了几个关于他个人与工作生活的问题。这让她对信息部门的工作状态有了全新的了解。她惊讶地发现，其他部门的主管也会像她这样对信息技术部门提出那么多的要求。除此之外，公司的首席执行官还有很多任务与要求，所以他必须要在诸多的要求中寻求一种平衡。

在对同事的工作与生活有所了解之后，克里斯丁重新评估了她的要求，并将要求的任务量减少了一半。当她提出这个要求时，她愿意花时间去解释这样做的原因以及对公司的重要性。她的同理心与个人交际能力得到了回报，她成为了信息技术部门主管眼中值得信赖的人，因为她能够站在他的立场去思考。因此，她经过深思熟虑之后才提出要求，而信息技术部门也非常迅速地做出了反应。

花时间去了解同事的故事，在这个过程中，同事也可以了解你的故事。其他部门的员工通常认为销售员的工作非常轻松自在。他们想当然地认为销售员的每一天都有安排好的饭局，有空跟客户去打高尔夫球。但又有几个人真正能够明白出差旅行的苦闷以及无法成功完成销售任务所带来的压力与风险呢？因为如果销售员无法达成销售的话，那么他们是没有薪水可拿的。其他部门的很多员工都没有意识到，给客户施加影响以及达成合作所需要的诸多技能。

我们的一位客户对新来的销售员有这样一个要求，他们要连续两天坐着观察公司客服部门的工作，以此作为培训的一部门内容。当销售员看到了客服部门的员工不停地接电话，就会对这些员工在处理难缠客户时表现出来的技能与情商管控能力有更多的理解。

这位客户还要求公司客服部门的代表抽出两天时间跟随销售代表进行销售活动。客服代表很快就发现了销售代表工作中的另一面。当他发现销售代表每天早上要六点半起床，一直忙活到晚上十点结束与客户的饭局时，才意识到销售员的"光鲜"其实并不是那么光鲜。经过这样的换位对比与思考之后，客服部门的代表与销售员都会对彼此产生同理心，尊重各自扮演的角色。

千万不要想当然地假设，其他人只是想为难你：多站在同事的角度去看问题吧，你就会有不同的视角与理解。

### ◆ 对你的"村民"表示感谢

一旦你与同事建立起了这些关系，千万不要重新陷入将这一切视为理所当然的错误习惯里面。这让我们想起那个老笑话：妻子抱怨丈夫结婚之后再也没有说"我爱你",而丈夫回答说:"我二十年前跟你说过这句话,一切都没有改变啊。"

你会因为业务关系给客户写感谢信,为什么就不能给团队内部的成员写感谢信,表达你对他们工作的感恩之情呢?虽然销售员是公司里公认最有才华的人,经常能得到上司的认可,而其他部门的同事也同样为公司做出了巨大的贡献。你达成了销售协议,但其他的同事要负责航运送货、售后服务以及记清单等方面的工作。

当你听到客户称赞你"干得漂亮"或是收到感谢信的时候,与其他部门的同事分享这样的认同与赞美吧。记住,以后在公司内部的会议上,首先要指出其他部门做出的贡献。当某位同事给予了你特别的帮助,你可以给这位同事的主管发送一封邮件进行表扬。或是买一份小礼物表示你的感谢之情。

有一件事是可以肯定的:在你的公司里,没有哪个人回到家之后,会抱怨自己今天得了太多的表扬与赞美。

在你的公司里,有太多人是你需要表达感谢之情的。抽出时间去给你的销售经理写一封感谢信,感谢他帮助你提升工作能力,实现了你之前不敢相信的目标,或是感谢他帮你设定目标,让你始终为此负责。表现出你对销售经理这份难做工作的理解,因为他需要扮演教练、培训师以及企业行政人员等角色。

千万不要忘记感谢你的首席执行官。身处高位的人都是孤独的,真可谓"高处不胜寒"啊!他每天都要做出各种艰难的决定,冒着巨大的风险。给他发一封感谢信,让他知道你多么欣赏他在保持公司稳定发展方面所表现出来的智慧与付出的勤勉努力。正是他的出色工作,让员工们可以赚钱养家糊口。许多员工可能将他发的许多福利视为理所当然,但你千万不要忘记这点。

让你的销售团队给公司的供应部门写一封感谢信吧。你们的工作不需要供应部门的配合吗？还有技术部门呢？你们是否能够找到经常特意配合你的部门？还有转包商呢？这些其实都是你团队的一部分。

当我们公司的"技术达人"尼克分享了他儿子出生的消息后，我们都给他寄去了祝贺的礼物。尼克在平日繁忙的工作中给了我们不少帮助，即便有时我们没有预约，他都会优先帮我们解决问题。他经常周末过来帮我们解决临时性的问题。我们感谢他的工作，因为当他保障我们的技术工具正常运转的时候，其实就是帮我们变得更加高效。

让表达感恩之情成为你销售团队的一种习惯吧。成功的法则是很简单的：当人们觉得自身价值得到认可时，成为一幅美丽图画的一部分时，他们就会努力地工作，争取提升这幅画的美感。

# $3.$ 付出是为了得到更多

　　具有情商的销售文化团队不仅重视内部合作，也重视慷慨付出的价值——在更大范围内为社会做出贡献。高绩效的企业都会有强烈的社会责任感，他们认为有必要回馈支持他们的社区。

　　这些组织是因为做得比较好才回馈社会呢？还是因为他们回馈社会才做得好呢？我们觉得是后者。我们发现，最成功的企业组织在取得现有的成功之前，都会有一种给予回馈的精神。

　　你只需要稍微观察一下，就可以发现这方面的例子。Otterbox公司总部设在科罗拉多州柯林斯堡，离我们工作的地方不远。该公司从事智能手机与平板电脑套壳的生产，在过去三年时间里，公司的营收增加了三十多倍。

　　该公司的首席执行官科特·理查德森说："回馈社会是我们企业文化与信仰系统的一个重要组成部分。我们相信这样的信条：能力越大，责任越大。"该公司成立了OtterCares基金会，专门用于帮助青年人。在2011年，他们已经为超过一百个非营利机构以及科罗拉多州北部的活动进行了捐款。每个员工可以带薪一天参加自愿活动或是慈善活动。OtterBox不仅生产出优质的产品，而且也有相当良好的企业文化。

　　PCL建筑公司总部设在科罗拉多州丹佛市，每年的营收高达60亿美元。该公司注重与所在社区建立服务的关系。即便是在大多数建筑公司遭受严重的经济危机后选择退出时，PCL建筑公司依然坚持慈善事业。该公司的每一个员工都以一种独特的方式去参与其中，支持那些不幸的人。

该公司的董事长兼首席运营官皮特·博普雷说："回馈社区，成为社区一部分的理念，深深植根在我们的企业文化里。"PCL公司的美国分公司在2011年一共捐献了超过350多万美元，用来支持慈善组织。因为该公司是百分百由员工控股的，这意味着这些捐款是直接从员工的薪水里扣除的，这种"回馈"的思维方式具有一种全新的意义与影响力。这一部分钱原本可以直接进入到员工的银行账户里，而无需捐给慈善组织。所以说，PCL公司的捐款其实涉及每个员工。

并不一定只有财力雄厚的大公司才可以践行这种"回馈"哲学。非盈利组织始终都需要愿意奉献时间与才华的志愿者。很多公司都可以制定一个补偿计划，就是给员工放一两天假，让他们可以有时间去帮助那些不幸的人。

回馈社会不仅有助于你公司的声誉，而且还能收获其他方面的好处。比方说，回馈社会能够让你对销售工作有全新的认知。当你给无家可归的人购买晚餐食物的时候，就不会为今天失去销售机会而感到伤心。当你帮助一个失业的人时，肯定会为自己拥有这份工作而心存感激。当你聆听一个孩子讲述他遭受父母虐待的故事之后，相比之下给客户打无约电话，仿佛变得像在公园里散步那样惬意。

回馈要更好一些。研究表明，人们更加愿意为一家追求利润与目标的公司工作。你所在公司的销售文化是属于回馈型还是索取型呢？

# 4. 建立情商销售文化的有效步骤

你每天工作8-10个小时，为什么不想着去营造一种轻松愉悦的工作氛围，让大家都说："我得赶紧去工作了。"而不是"我不得不要回去工作了呢？"

唤起员工工作热情的企业文化会让他们向往工作，为工作而兴奋。在这种企业文化下，员工们喜欢他们的工作，知道怎样将工作做好，接受培训以求做得更好，与那些想要帮助他们的人一起合作。这种企业文化下的销售团队能够让成员们相互合作，做出自我实现的行为。下面的四个步骤可以帮助你成为团队中具有价值的一员，同时增强你所在组织的企业文化。

1.创造一个学习型的环境。

2.摆脱"自我"的思想。

3.认识与肯定他人的努力。

4.为你的社区做贡献。

## ◆ 第一步：创造一个学习型的环境

与你的团队成员创办一个小型的读书或是演说交流俱乐部，选择以提高销售与个人发展为主题。你们可以每周聚会一次，讨论阅读过的书，探讨如何将这些作者的思想运用到团队成员的专业技能与个人生活上。你们必须将培训与自我提升视为一种投资，而不是一种额外的花销。好好地计算一下，运用组合的原则。你会发现，一旦团队成员掌握了一种全新的销售技能，你就能在未来几年里得到这种技能带来的好处。提升销售利润、加快现金流动，重复成功的销售行为，这些都与打造一个更聪明的销售团队息息相关。

### ◆ 第二步：摆脱"自我"的思想

时间是我们最宝贵的资产，这就是很多人不愿意抽时间去分享自己成功经验的原因。作为销售员，我们得到的回报是根据表现而定的。既然如此，为什么我们要带一些刚入行的"菜鸟"去吃饭呢？我们完全可以利用这些宝贵时间去进行销售或是服务客户啊。

这样做其实有很多原因。可以肯定的是，在你刚入行的时候，也会有一些人帮助过你。发挥自己的社会责任感，帮助一下其他人吧。在安排满满的日程表上腾出一些时间，带这位新手去吃午饭，与他分享一些经验，缩短他上手的时间。如果你团队中的某位成员出现了业绩大幅下滑的情况，给他打电话询问你有什么可以帮忙的。我们都会经历销售不顺的时候，而此时"朋友拉你一把"会让你感激不尽的。

一个销售组织的优秀程度同样取决于最薄弱的那一环。团队中的每名成员都需要实现自己的销售目标，才有可能帮助公司实现更大的盈利目标。

### ◆ 第三步：认识与肯定他人的努力

沃尔玛创始人山姆·沃尔顿曾说："要肯定你的同事为公司付出的努力。没有比在恰当时机，说出几句精挑细选的赞美话语更能打动人心的了。这是完全免费的，却可能给你带来巨大财富。"

在此，我们再说一遍：要想成功销售，你需要拥有一个"销售村"。即便是对小企业而言，非销售部门的员工也为公司的成功与名声做出了很大的贡献。难道每天接电话的客服人员就没有贡献吗？这是你与客户或是顾客进行沟通的第一步。感谢这个人帮你为客户留下了好的第一印象吧。让她知道你感谢她热情地招待客户，让他们感到宾至如归，感受到自己的重要性。

高效的销售员都会将待办事务与本周的目标事先规划好。记住，在这个待办事务列表上增加一项：每天都要肯定与感谢某些人的工作。具有良好人际交往能力的销售员知道，有必要成为所在组织"赞美他人方面的国王或是女王"。他们知道恰当的赞美是永远让人受用的。

### ◆ 第四步：为你的社区做贡献

你读到这里时，可能会想：我的公司不是那么有慈善心的，根本没人聆听我关于如何帮助社区的思想。事实可能的确如此，但这没有关系。不要等着某人去改变这一切。你可以制定目标，努力让你的销售组织或是公司慷慨地支持慈善机构或是社区活动。

具有情商的销售组织不仅追求盈利，同时也有自身的目标。正如圣雄甘地所说的："你想要世界有什么改变，就要据此做出改变。"从现在开始，努力为创造强大的销售文化而做出改变吧。提倡学习、团队精神与回馈他人的精神。当你拥有一个拥抱这些理念的团队时，大家都会享受每天的销售工作——最后的成功也是必然的。

# 第十章：
# 勇于成为团队领袖：销售领袖能力与情商的关系

怎样成为一个优秀的销售领袖，这和情商有什么关系？给你一个销售团队，你该怎么管？良好的形象、雷厉风行的态度、符合员工特性的管理模式等都是你需要考虑的内容，从情商管理出发，成为一个优秀的团队领袖吧！

你们可能都听说过这样的故事：汤姆工作勤奋，喜欢钻研业务，成为了公司业绩最佳的销售员。因为出色的业绩，他被提拔为销售经理。

但过了一阵子，汤姆就感到非常困惑，因为他的销售团队无法达成销售目标。为了确保销售团队能够完成公司的销售任务，他被迫重新履行销售员的职责。因为他身负双重责任，所以他现在每周七天都在忙碌地工作，并开始对自己选择进入管理层的决定产生疑问。这种自我怀疑的心态开始进入他的脑海。如果他能够成为一名优秀的销售员，为什么却在销售领导这个位置上干得这么差劲呢？

这个问题的答案很简单：汤姆作为优秀销售员时期完成的出色任务与他现在领导一个销售团队完成的任务是不一样的。销售员只需要专注于开发销售机会，而销售经理则需要专注于开发销售员的潜能。销售员只要掌握必备的销售技能，就可以做好本分工作。要想成为优秀的销售经理，就必须擅长向销售员教授让他取得销售成功的技能与知识。

这样说来，销售员向销售经理转变的过程遇到这么多困难，不也是很正常的吗？

在销售管理培训课程上，我们都会让学员认真回想，他们生活中遇到的那些高效的领导、教练或是导师都有什么共同特点。接着，我们要求他们将这些特征写下来。

学员们的回答通常包括："他非常关心我。""她真的提升了我的能力。""他是一位非常优秀的老师""她为人自律，做事专注。""他从来不接受任何借口。"虽然他们的回答存在着差别，但都有一个共同点：他们没有谈到这些高效人物所具有的基本能力。没有人说："他擅长会计工作。""她是一位制造业方面的天才。""他非常擅长于科技研发。"正是这些人具备的软技能，才构成了这个成功等式最重要的一部分。

毋庸置疑，阅读本书的多数读者都是从事销售行业的人，你们都想进入销售的管理层，或者说你们已经进入到了这个层面。如果是这样，你们需要掌握冲动控制、同理心、自我察觉、延迟满足以及人际交往能力等软技能，去帮助提升你们领导与培养他人的能力。

让我们认真审视一番，销售经理要扮演的角色以及承担的责任，探讨一下可以帮助你成为销售领导的相关情感技能。我们将从下面几个方面去进行评估：行为是否始终如一，是否给下属提供指引与给予鼓励，是否设定很高的期望值以及是否认识到团队成员所付出的努力。

# 1. 你该展现出怎样的形象

几乎所有人都会同意，始终如一的行为是领袖的一个重要特征。从最基本的层面去看，始终如一与自我察觉能力以及冲动控制能力是存在联系的。高效的领袖必须要对自身的情感有一种察觉能力，才有可能对此进行控制。要是没有这种察觉能力，那么他就可能因为发生的一些事情而失去对情绪的控制，从而做出跟自身阐述的价值观、话语或是行为都不相符的行动。这样的做法会迅速吞噬掉原本建立起来的信任。

做出不一致的行为，通常是因为缺乏足够的冲动控制能力。销售经理在说话或是做事方面都没有做过周全的考虑，没有想到自己的话语与行为会产生的影响，而是放任一些事情控制自己的情绪。

比方说，在周一的销售会议上，销售经理心情很好，赞扬了销售团队成员付出的努力。他说了一些关于尊重与个人责任等鼓舞士气的话，强调这些品质对于取得个人与专业方面的成功所具有的重要性。

第二天，在被首席执行官数落了一顿之后，他可能会变得恼怒，向销售团队施压，要求他们加快销售的步伐。这样的话语与他昨天讲的内容是完全相反的。销售团队的成员都不知道是否应该相信他说的话，因为他的立场似乎总是在变。

我们将这种领导称为"晴天"式销售经理。只要事情进展顺利，他就能拥有好的心情。一旦销售前景出现"暴风雨"，他就是第一个发脾气的人。他成为了问题的一部分，而不是选择成为解决之道的一部分。他发着脾气，指着某某销售员，大声痛骂着——造成这种行为的原因，就是他缺乏管控自身情绪的能力。

每天，销售员都要提同样一个问题："销售经理今天的心情如何？"就是因为他的情绪变幻莫测，所以，没有人敢指出当前的问题以及潜在的一系列问题。销售员也不敢向他请教，因为他们不知道经理今天的心情如何。就这样，面对的问题始终无法得到解决，而销售员的能力也得不到提高，这反过来又会影响到客户的满意度，打击团队士气，影响销售业绩。

优秀的销售领袖都擅长管控自身情绪，不会让日常发生的一些事情影响他们的工作以及行事方式。他们知道该展现出怎样的形象。我们将这类的销售经理称之为"全天候"式领导。他们有足够的能力面对各种销售"暴风雨"，同时保持着良好的心态。

即便强大的竞争对手就在眼前，销售经理也不会按下会引起恐慌的按键。相反，他会提醒大家，竞争是一件好事，因为这能防止我们变得骄傲自满。如果内部操作过程中出现的问题影响到销售结果，那么他也不会对其他部门的主管大吼大叫。他会专注于如何解决这些问题，即便这样做可能不是他的职责所在。

当销售团队的成员看到他们经理表现出来的冷静举止，他们就知道可以信任他，也能估计到他对某些事情可能做出的反应，这说明他具有自我控制能力和积极主动的思维方式。

你每天展现出怎样的形象呢？你是属于"全天候"式的销售经理还是"晴天"式的销售经理呢？

# 2. 你言行一致吗

除了不一致的行为之外，另一个迅速摧毁销售经理个人信用与正直品质的途径，就是说一套，做一套，也就是言行不一致。记住，你的团队成员会更加留意你的所作所为，而不是你说的话。

试想一下，若是某位销售经理谈论着与客户或是顾客见面要准时的重要性，强调要在每次会面时都要有明确的目标以及准备的重要性，但在召开周会的时候，他却没有做到上面自己所说的这几点。他开会迟到，放任销售代表在会议上随便插嘴，影响会议的流畅程度。他并没有分发会议的流程表，所以团队成员也完全没有要发表建议的准备。这场会议很快就变成了对销售活动与销售渠道的死记硬背，最后导致他们根本没有时间用于销售心态与技能方面的培训。按照这位销售经理的行为，可以得出下面几个结论：

- 开会迟到是可以接受的。
- 会议安排表是不重要的，可以随心所欲地发挥。
- 会议准备说起来比较重要，但却是不可行的，因为每个人都很忙。

显然，绝大多数销售经理都不想将这些信息传递给他们的团队成员。上面提到这位销售经理的行为已经摧毁了他所说话语的真实性。

在与团队成员一对一交流的时候也会出现类似的场景。虽然销售经理都认同一点，即建立彼此之间的关系是非常重要的，但他们却经常用相反的行为去反驳这点。

试想这个情形：珍想请教老板一些问题。她想要与老板分享最近取得的成功销售结果以及希望得到全新的机会。而在她开始讲述自己的事情时，销售经理却显得很忙碌。他拿起手机打电话，查看邮件，还不时地看着手表，显得非常浮躁。珍的兴奋之情很快就消失了。她觉得自己没有得到经理的重视与赏识。这场会面草草地结束了。

当她准备离开的时候，销售经理说："珍，谢谢你的工作。我非常感谢你出色的工作。"珍听着这些话，再结合经理刚才做出的行为只会得出这样的结论："还有比听个人汇报销售工作更加重要的事情。"

具有情商的销售经理都会拥有良好的人际交往能力。他们重视员工的价值，并且用实际行动去支持这样的价值观。他们不会大谈建立与维系关系的重要性，而是通过关闭电子设备，全神贯注地聆听你说话，表现出他对你的重视。他们能够做到言行一致，用行动告诉你："对我来说，跟你谈话是我当下最重要的事情。"珍肯定会更喜欢这样的销售经理。

# 3. 多点商量，少点武断

优秀的销售经理不仅会为销售团队成员做出表率，而且还要在帮助他们提升销售技能方面扮演重要的角色。通用公司的前任董事长杰克·韦尔奇曾非常睿智地说："成为领导之前，不断提升自己就是一种成功。成为领导之后，帮助身边的人不断成长，就是你的成功。"

优秀的销售经理意识到，一个销售团队只有上下同心才能变得更加高效。他们的工作再也不是凭借个人的销售技能去开发客户与达成交易，而是帮助团队成员去这样做。

缺乏这种自我察觉能力的销售员是不会花时间去培养他人的，他们依然像过去那样习惯于成为具体事情的操办者。问题是，当一个公司达到了一定规模之后，销售经理就会发现自己力不从心。他不可能亲自过问所有关于销售的问题。最后销售出现停滞或是业绩减少，就是因为他忽视了培养团队成员销售技能方面的工作所导致的。

培训团队成员，需要销售经理具有延迟满足的技能。你必须要投入时间去培训他们，打造一个具有强大销售能力的团队，才有可能得到回报。这就需要销售经理认真留意成员们的沟通方式与提出的要求，并且给予他们指引。

为了实现这个目标，具有情商的销售经理会全程出席每次销售会面。他要通过认真聆听与提出问题去展现对员工的重视与同理心。在上面提到的珍那个例子里，具有自我察觉能力的销售经理就会知道，为了帮助珍成为一名更加优秀、专业的销售员，他的首要任务就是将自己的知识与专业技能教授给她。所以，他就不会在会面的时候不耐烦地查看电子邮件，打着电话。相反，他会询问珍想要的全新机会是什么，教授她实现目标的全新方法。当他祝贺珍最近取得的销售成功时，使用的词语应该要特别一些："珍，你对客户财务方面的研究是你赢下这个项目的重要原因。这样的研究让我看到了你愿意花时间去做计划，虽然你原本可以较为轻松地达成协议，但你没有这样做。"这样的话，珍会感觉到自己得到了重视，当她走出经理办公室时，就会感觉到自己在最近几次销售中干得不错。

培训团队成员需要有销售代表在场，或是进行一对一的培训。这样做有时是非常枯燥且让人沮丧的（"我要再次向你展示怎样做吗？"）。但是，耐心最终会得到回报的。文斯·隆巴尔迪的儿子在他的畅销书《如何成为第一名》[1]中引述了他父亲——美国橄榄球历史上最伟大的教练之一——的一句话，这句话最能体现隆巴尔迪对导师这一角色的重视程度：

> 他们将我视为教练，其实，我就是老师。你不需要告诉他们该怎么去做，但你应该跟他们讲为什么要这样做，接着不断地进行重复训练，直到他们最终相信。这就是我小时候在布鲁克林的老师教我的。

隆巴尔迪当时的执教理念超越了那个时代。他知道大脑运转的方式以及不断重复对掌握一种全新技能的重要性。"重复，再重复"的哲学是每一位销售经理都应该学习的，特别是在他们给团队成员灌输全新的态度与技能时，更是需要运用这种哲学。

很多销售经理都没有掌握这一培训理念。他们在过去取得销售成功的一个

[1]麦克格劳-希尔出版公司，2000年出版。

原因，是他们可以很快地学习全新知识与掌握技能，所以也就希望他们的团队成员也能做到这点。当他们给团队灌输了一个观念之后，就希望他们能够在未来的销售会面中准确无误地加以运用。其实，他们这样做就是迫使销售员在一个最糟糕的场合——面对着客户与顾客——去进行训练。

正如我们在第二章里提到的，要想掌握全新的销售技能，需要让大脑形成一种全新的神经通路。要是缺乏不断重复的训练，那么这样的神经通路很容易会被打破，刚学不久的全新技能也会失去。

高效的销售经理懂得控制他们对即时结果的欲望。他们有足够的耐心与自律性去聆听团队成员提出的各种问题，并给予他们指引。糟糕的销售结果通常不是因为销售员缺乏基本的销售技能，只是因为他们不擅长控制压力，或是在销售会面时表现得过分紧张，从而让他们没有能力继续追求一个全新的销售机会。

此时，销售经理可以通过提出下面几个问题去提供宝贵的建议与见解：

- 棘手的销售情形有什么好处呢？
- 我们能够控制与改变什么呢？
- 我们从这样的销售情形中学到什么教训呢？
- 这些教训会从哪些方面提升你下一次的表现呢？
- 到底是什么让你对客户的反馈做出那么大的反应呢？

这些问题有助于销售员认识到，一次糟糕的销售会面是由什么原因造成的。

在我们看来，销售团队能否实现销售目标，一个很重要的差别就是看销售经理能否胜任团队成员培训老师与导师的职责。此时，销售经理本身的销售能力已经不是那么重要了，更重要的是让你的成员变得更加优秀的能力。

# 4. 你该采取怎样的管理模式

销售经理应该让团队成员知道你对他们的期望。这个角色有点类似于父母对孩子的角色。优秀的父母都会对孩子的行为与品格做出期望。比方说：你在玩耍之前必须要做好作业；你不能在吃饭的时候发短信；你需要为自己在家里大吵大闹负责；等等。这些父母认识到，教育孩子并不是一场是否需要受孩子欢迎的比赛，他们不会屈服于这样的话语：其他孩子的妈妈都不会有这样的期望……"

这些父母愿意对孩子设定高期望，因为他们深爱着他，关心他们未来的成长。他们愿意培养孩子延迟满足的心理，不让他们可以随时随地玩耍，因为他们的最终目标，是要将孩子培养成为一位成功且具有自立能力的成年人。这意味着在必要的时候，他们愿意运用严爱的管理方式。即便孩子不喜欢这样的管教方式，他们也需要遵守父母制定的"规矩"。

优秀的销售经理也应该具有同样的情商，关心团队里的每个成员，在乎他们，为成功设定一个清晰的目标。他会为每一次销售活动制定关键的衡量标准。虽然团队成员不喜欢进行角色扮演的训练，但他还是要这样做，因为只有这样他们才能掌握全新的销售技能。迟迟不交预测报告或是不进行销售活动的行为，都是不可以接受的。

当销售团队的成员指责他们的经理管的事无巨细，或是设定的期望太高时，他也不应该对此妥协，降低自己的标准。他应该将被团队成员喜欢的愿望放在一边，专注于得到他们的尊重，专注于将他们培养成为具备高素质的销售团队。成为他们的好朋友，并不是他优先考虑的问题。

为了达成这个目标，销售经理必须要掌控适度的独立思想与自信。具有独立思想的人能够进行自我指引，可以摆脱情感上对他人的依赖。他们知道，提升工作的标准，让每个团队成员为自己的行为负责，是必须要做到的。这也应验了那句老话："高处不胜寒。"因为他们既自信又独立，所以他们不会接受团队成员去找借口或是做出平庸的业绩。严爱的管理方式可以培养高标准的销售文化。

◆ 坚持"事实之镜"

严爱管理方式的部分内容，就是要帮助团队成员看到他们的盲点。高效的销售经理会高举"事实之镜"，让他们看到态度或是行为上的不足。

**情景分析**

凯伦的老板采取严爱的管理方式治理公司，他关心着凯伦的成功。在一次年终会议上，她的老板首先感谢了凯伦一年的辛勤工作，祝贺凯伦负责的区域团队超额完成销售任务。接着，他就开始讲述他们存在的不足。他指出凯伦的管理方式存在着一些不足，这让他略感失望。此外，他指出了凯伦不重视与办公室员工建立关系，过分专注于完成任务而使她显得比较冷漠，对他人的态度比较粗暴。虽然老板进行了批评，但凯伦是一位终身学习型的人，并且具有自我察觉能力，所以她没有无视老板的建议，而是牢记于心。

第二天早上，凯伦就决定要改变之前展现出来的形象。她意识到，虽然自己希望表现出关心他人的形象，但她的行为却没有体现出来。于是，她在办公室走了一圈，拜访其他部门的员工，感谢他们为帮助她获得销售第一团队所做出的努力。在接下来的几个月里，凯伦继续这种"巡访"的策略，惊讶地发现自己原来非常享受这种与同事交流的感觉。她开始建造属于她的"销售村"了。

凯伦最终被提拔为销售副总裁，带领着她的公司不断成长。她将成功归功于严爱的老板那次坦诚的批评。

高举"事实之镜"意味着你必须要习惯于将事实说出来。当你成为销售领导之后，这意味着你要指出某位销售员的错误态度、缺乏组织观念以及他没有想象中那么想要获得成功。你可能是第一个需要对他高举"事实之镜"的人。在所有关心他工作的人中，你可能是第一个要求他做出改变，提升自己，从而实现自身潜能的人。

达拉斯牛仔队的前教练汤姆·兰德里曾说："所谓领导学，就是让别人去做他们不愿意做的事，去实现他们想要实现的目标。"

## ◆ 给予鼓励与认同

严爱并不意味着要以粗暴的方式对待员工，或是从不表现出亲和的一面。事实上，鼓励团队成员与赞美他们的卓越工作是严爱管理方式的重要组成部分——这也是很多习惯了咄咄逼人工作方式的销售员经常出现误解的地方。他们通常是因为完成销售任务而被提升到销售经理，所以都习惯了以结果为导向。但在他们过分专注于目标的时候，很容易忘记管理方式更多应该是专注于给予鼓励与指引。最优秀的销售经理都会意识到，成功是需要依靠团队的力量，必须要鼓励他们去做得更好。

绝大多数销售经理都擅长于解决问题，但存在的弊端是，一些销售经理不

懂得在解决问题与赞美鼓励之间做出一个平衡。他们只是专注于指出公司或是
销售团队在哪些方面做错了。"又在价格上输给了EFG公司。"销售经理可能
这样说，"我们在送货日期上输给了ABC公司。""MNO公司赶在我们之
前出了新产品。"这样的话会让销售团队感到压力陡增，一想到面对的所有问
题以及挑战就感到内心沮丧。

爱德·奥克利与道格·克鲁格，《简单的领导学》[1]一书的联合作者，就
在他们的领导学培训中心里教授一个基本的原则。他们教导前来接受培训的领
导要以问题来作为会议的开场白："我们在哪些方面做得比较好呢？"这个简
单的问题可能会带来巨大的结果。销售团队成员就会意识到他们公司在哪些方
面做得比较好，而不会对存在的缺陷耿耿于怀。他们开始发现自己与同事对公
司的发展做出的贡献。乐观精神是会传染的。当每一位销售员都习惯于去说
一些积极乐观的话语时，那么企业的销售文化就能够从之前专门找错误转移
到专门找寻成功的道路上了。销售团队也会因此得到鼓舞，因为他们开始专
注于好的一面，而不是沉湎于错误的事情上。士气高涨的销售团队则是一个
成功的团队。

高效的销售经理会给予恰当的赞美，制定一些奖励员工的项目，举办一些
能够加强彼此情感与团队合作精神的活动。通常来说，他们会给予优秀的销售
员一些物质上的奖励，比方说戒指、纪念牌匾以及奖励性旅行等。这些做法能
够给员工带来一种激励，但我们同时也推荐一种经常被人们忽视的廉价方法：
就是让员工感觉自己是英雄。

让员工感觉自己是英雄，意味着你需要认真留意团队中每一位成员所做
的事情。一旦你发现了某位成员在某件事上做得很好，你就可以在销售会议上

[1]启蒙领导学出版公司，2006年出版。

专门说这件事，让他感觉到英雄般的待遇。如果他的经验可以推广的话，就让他将经验传授给同事们。这种自我的认同会让销售员觉得自己是这个行业的专家，是某个领域的权威。这能增强他们的自信，也是让他们为自身的贡献而感到自己独特与重要的有效途径。

当我还是销售副总裁，负责处理七份直接报告时，就执行了这个策略。每个员工都有他们的特长，我也认识到了这点。比方说，其中一位销售经理丽奈特特别擅长筹款项目，我就将她称为"筹款专家"。另一位销售经理南希擅长拓展年轻人的市场，那么她就被称为"青年专家"。

因为她们都被称为"专家"，所以丽奈特与南希在履行作为销售经理的日常工作之外，都会额外投入时间去制定筹款项目或是制定市场策略。他们非常享受成为专家所带来的自豪感，而公司也因为他们愿意分享经验，创造出更多全新的产品，而得到更多的收益。

下面几项是既可以构成销售员身上的某种特长，也可以传播给他人的：

• 业务拓展上具有创造性——擅长跳出古板思维。

• 成功地留住客户——从未失去一个已有客户。

• 有能力在已有客户中提升销售业绩——擅长追加销售与交叉销售。

• 适合客户服务——擅长具体分析客户需求。

• 有能力将客户从竞争对手那里挖过来——擅长寻找竞争对手报价的不足。

让你的销售员感觉自己是英雄，这种自我认同具有的强大力量，会让他们得到持续的鼓舞，不断地追求自我提升。

# 5.最容易被忽视但有效的激励手段

最后，不要忘记最容易被人忽视的激励因素：欢乐配额。对销售经理来说，每个月、每个季度或是每年销售目标的压力都会重重压在他们身上，但每个人都需要得到压力释放的出口。乍一看，欢乐似乎与达成销售目标没有直接的关系，但是，如果你需要欢乐与实现营销目标之间的关联性证据的话，那只需要研究一家最成功的商业航空公司——西南航空——就可以知道了。欢乐是这家公司最核心的价值观之一。他们会招聘那些具有幽默感，给乘客带来欢乐的员工。

一次，我乘坐西南航空出差，乘务员在播报一般被人视为枯燥无味的规则时，却让乘客们哈哈大笑。她是这样说的："如果你身旁坐着的成年人做出小孩子的行为，请你首先帮他将氧气面具拉下来。这在紧急降落时会拯救我们所有人。"当大多数航空公司都处在亏损的时候，西南航空却能持续盈利。

要像达成销售配额那样达成欢乐配额。在销售会议上，可以播放YouTube视频网站上一些欢乐的视频；策划一些有趣的活动，让你的团队成员可以一起玩耍；每个季度记得给每一位销售员发送一张趣味卡片；在安排下一次销售会议时，要求销售员都分享一次他们最糟糕的销售经历。这些故事通常会让人哈哈大笑，也说明即便失败了，也没有什么大的关系，生活依然在继续。

我当销售副总裁时，就将欢乐融入到产品介绍语当中。我们租借了一个录音室，以一种相当新颖的方式将新产品的报价录下来：我们录制了歌曲、诗歌与滑稽短剧。其中一个滑稽短剧是以新闻播报的方式讲述"美国的羊毛"。

我们用这样的方式将羊毛夹克衫这款新产品的特征与价格融合在一起，并且指出如果顾客不购买这款衣服，将会带来怎样的后果。他们会因为衣服不够暖而出现冻伤的情况，或是因为他们没有穿上最时尚的服装，有可能被时尚警察逮捕，最后被关在监狱里。毕竟，谁想因为自己品味差而被判有罪呢？所有这些录制的歌曲都是非常有趣和欢乐的。

这一"疯狂"的举动竟然奏效了。销售代表给公司办公室打电话，说他们听了之后不得不要将车开到路边，因为肚子都笑疼了。他们说会循环播放这些歌曲，因为这些歌曲实在是太有趣了。他们说这是我们有史以来发布的最有趣的产品。从工作中得到欢乐，能帮你赚到钱。

# 6. 成为销售领袖最管用的捷径

在研究一名成功销售经理所具备的技能时，让我们先重温一番约翰·凯利——这位McData公司前任首席执行官，现任CereScan公司董事长说过的一段话，他的话还是很有建设性的。凯利在2001年至2007年间，将McData公司的收益从两亿美元提升到六亿三千万美元。

凯利身上散发出一种情商的智慧。聆听他在一场午餐会上的演说之后，我专门采访了他，为本章的内容提供一些思想。他的回答也肯定了我在本章之前提到的内容。接下来，他分享了他认为最好的训练方法。

**情感管控**

"我要求团队成员不能做的一件事就是大吼大叫。"凯利说，"说话时没必要说得太大声。做到这点的方法就是我相信要迅速给予反馈的信条。要专注于迅速解决问题，而不要诋毁其他部门或是同事。当你开始对人不对事时，就会无法管控自己的情感。"

**始终如一**

"优秀的领导都会有各自不同的特点，"他说，"但他们都有一些共同的特征。其中一个就是他们能做到始终如一。我最为优秀的销售经理在周一召开的会议之前，总是提前做好准备，将讨论的议题确定好。他还安排了与销售团队一起进行实地训练的计划。团队成员知道他们的经理会查看他们的工作安排与日程表。这种始终如一与责任承担的做法，带来了持续盈利的销售结果。"

### 自我察觉

"发现自己是非常重要的。当员工们无法达成目标或是做出的行为让他们无法得到提拔的时候，他们应该要知道原因。"凯利解释说。接着，他继续说：

我提出了五个问题，可以帮助一位员工发现自己是否走在正确的道路上。

这五个问题是：

你喜欢这个行业吗？

你喜欢自己的工作吗？

跟我说说你的职业规划。

跟我说说你觉得哪些品格特点对你的职业生涯是有帮助的。

跟我说说你为什么觉得现有的表现值得提拔。

通常来说，在提出这些问题之后，员工都会意识到他的行为与言语是不一致的。如果他想要在公司内朝着某个方向发展，那么是否做出改变就是他自己的选择了。

### 认可与赞赏

"我觉得感谢信是非常有用的，"凯利说，"成为McData公司首席执行官之后，我每天要写五封感谢信，里面记录着他们所做的出色工作。这些信一般都有一两页，我希望收信人知道我给他们写信的原因。我希望对方在阅读这封信的时候能产生情感上的共鸣。"

凯利帮助McData公司获得了长足的进步。更值得注意的是，他之前团队里的八名成员现在都成为了其他公司的首席执行官。

# 7. 提升你销售领导能力的有效步骤

约翰·马克斯韦尔创作的数本关于领导学的书都成为了畅销书,其中《二十一条颠扑不破的领导法则》、《挖掘自身的领袖力》以及《成为领导的二十一种不可或缺品质》销量都是过百万册的。我们很喜欢引用他的这句话:"如果你在前面引路,后面没人跟上,那么你就不是在引路,你只是出去散步而已。"

你是在领导一个士气高涨的团队前进,还是只是出去散散步呢?你们在本章前面的内容已知,销售与领导之间是存在着巨大差异的。销售更多的是以自我为中心,而领导则是以他人为中心的。下面五个步骤可以帮助你走在领导与培养他人的正确道路上。

1. 始终如一。

2. 放弃你被人喜欢的愿望。

3. 表现出同理心与礼貌。

4. 成为一名导师。

5. 将欢乐放入每周的待办事务里。

## ◆ 第一步:始终如一

当你成为领导之后,就需要放弃允许情绪随意波动的特权了。每天早上,你都要抽出一小段时间,想想你还该在哪些方面去提升自己管控情绪的能力。

你想象自己在面对这些情景时做出冷静的回复，将那些可以帮助你解决问题的答案写下来，不断地重复。下面就是我们给出的一些建议：

- 检验你的设想，假定你的设想是错误的。"这段话可以防止你一下子就得出结论，帮助你控制好冲动的情绪，不会做出与自身价值观相悖的行为。

- "我是冷静的，一切都在掌控中。"在这里，使用"是"这个词语是很重要的，因为你必须要像你已经取得了巨大成功那样去做出行为。这样的话，潜意识就会相信你不断灌输的观念，所以你要说出你想要做出的行为，而不是当下面对的情况。

- "这件事有好笑的一面吗？"有时，缓解一下气氛，不要以太严肃的眼光去看待自己与生活，也是很重要的。

领导的步伐就代表着团队的步伐。你处理日常工作问题的能力，对你的团队如何应对挑战是至关重要的。

## ◆ 第二步：放弃你被人喜欢的愿望

喜欢某人与尊重某人是存在差别的。你的销售团队可能很喜欢你这个人，但却只重视那些他们尊重的人提出的建议与反馈。

为你的团队设定一个高期望值。当出现责任推诿的时候，千万不要降低标准，而要进一步提高标准。如果某位销售员为自己不能参加某次技能培训或是活动找借口，你就可以向他们提出下面几个找寻事实的问题：

- 你还有什么事情更加重要呢？
- 既然要达成每日每周的销售目标，你不将日程表排满的真正原因是什么呢？

• 你对成功有多大的投入程度呢？你又有什么行为可以证明你有这样的承诺呢？

想被销售团队喜欢的销售经理肯定会有很多朋友，但他们的销售业绩将会很低。

## ◆ 第三步：表现出同理心与礼貌

当你与销售团队的某位成员会面时，要装作他是你现在最重要的客户。在与客户会面时，你会打电话或是发邮件吗？你要向销售团队展现出同样的礼貌。专注是领导的一项必需技能，这一切都是从你的日常工作以及与销售团队的交流中开始的。要真诚对待团队成员，表现出对他们工作的兴趣。你的肢体动作也会让销售员知道，你是否"人在心不在"。如果你的回答是简短且笼统的话，那么团队成员就知道你只是在检查一下人数而已。虽然你也花了时间与他们打交道，但你却没有展现出同理心与礼貌。

## ◆ 第四步：成为一名导师

培训他人是一种使命，绝对不能草草对待。作为导师，你有机会永远地改变销售员的自信、态度、能力与生活方式。运用延迟满足的技能，投入必要的时间用于指导你团队的每个成员。

当你在安排每周的日程表时，记得腾出一些时间，用于指导与培训你的团队成员。接下来，你要写下希望销售团队学习的技能与专注的目标。重复，重复，再重复，那才能胜利，胜利，再胜利！

## ◆ 第五步：将欢乐放入每周的待办事务里

要非常认真地对待工作，但不要过分认真地看待自己。要留心工作与生活中一些有趣的大小事，说给你的销售团队听，让他们也能乐一下。你可以指定团队中的某个人成为"欢乐警察"，他的职责就是从每周的工作中找寻一些有趣的笑话。销售这份工作是非常有压力的，所以如果你能每天都将压力释放出来的话，那你们的工作压力将极大地缓解，你们也更加享受销售的过程。

当你成为销售领导之后，团队成员都会找你寻求建议、鼓励，所以你一定要做到言行一致。团队成员依赖着你去给他们指引，让他们成为最好的人。记住，销售员是为人服务的，而不是为公司服务的。所以，努力成为每一位销售员都想追随的领导吧！